小文艺·口袋文库

成为你的美好生活

I知人
cons

胶囊式传记　记取一个天才的灵魂

卢西安·弗洛伊德
眼睛张大点

LUCIAN FREUD | EYES WIDE OPEN

[美]菲比·霍班 | 著　　罗米 | 译

上海文艺出版社
Shanghai Literature & Art Publishing House

献给我的父母，
丽莲·霍班和罗素·霍班

目录

1 观看的艺术　　001

2 学做卢西安　　017

3 女人和缪斯　　033

4 伦敦的日子　　045

5 漂亮的人　　063

6 随它去　　081

7 性关系　　099

8 倒向库尔贝　　115

9 死亡的暗示　　123

10	绕过礼数	131
11	新观点	145
12	表现肉体	153
13	用绘画对抗时间	175
14	持续恶化	185
15	离开画室	197

致谢　　　　　　　　207
参考书目　　　　　　209

1 观看的艺术

想象一下,一位少年双目紧闭着,踱步在悬置高空、微薄易脆的木质细梁上。这幅画面足以吸引人,然而卢西安·弗洛伊德永远不会动笔画下。正如他的表妹卡罗拉·赞特纳曾回忆起在弗洛伊德的郊外住宅里度过的某个漫长夏天,她说:"有一根橡木梁横在谷仓里,从一头到另一头至少有 20 英尺长,差不多 9 英寸宽。我记得很清楚,卢西安那时候只有 15 岁,他慢吞吞地走上楼梯,接着闭上双眼,开始穿过去。那个画面历历在目。"

尽管这种恣意放任已成为了他此后人生中的一大特点,但作为艺术家的卢西安·弗洛伊德却从未闭上眼睛。他对事物细致入微的审视近乎偏执;法医般剖析人体的好奇心,也只有在无休无止、一遍又一遍地摆姿势当中才能得到满足;仿佛透过他的画室,经过无微不至地审视和记录,他便能对一切发号施令。他的目光堪称"残忍",更准确地说,贪得无厌。

卢西安是在哪里学会以这样的方式看待事物呢？我们倒可以很容易将这种形式特殊的敏锐观察归因于遗传：毕竟他的祖父是精神分析学之父——西格蒙德·弗洛伊德。要写卢西安·弗洛伊德，我们就不可能不进行一番类比，将他与绘画对象的重复对话和西格蒙德与他病人的对话进行等量齐观。二者都发生在私密的房间里，都仔细检查着某个躺倒的人，只不过西格蒙德关注的焦点不可见，而卢西安的关注对象则清晰可见。

事实上，当卢西安还是个孩子的时候，他就参观过他祖父莅临于维也纳博格巷 19 号的书房。1938 年，这个书房在伦敦原样重建，位于马尔斯菲尔德花园 20 号（现在是伦敦弗洛伊德博物馆），它不仅为卢西安提供了一个影响深远的工作范式，而且还充斥着后来卢西安画作中的那些关键图像：陶瓷和青铜头像、马（它们赢得了卢西安深沉、长久的喜爱——他最早的作品之一就是一个三脚马的砂岩雕塑），还有数量丰富的埃及古文物，包括木乃伊的标本，后来卢西安模仿了它的平面图。他最喜欢的书之一，就是 J. H. 布莱斯泰德[1]的《埃及历史》(*Geschichte Aegyptens*)，这是他在 16 岁时得到的。弗洛伊德甚至为它画了许多画作，《有书的静物》(*Still Life with Book*) 和《埃及之书》(*The Egyptian Book*)。

---

[1] J. H. 布莱斯泰德 (J. H. Breasted, 1865—1935)，美国考古学家、埃及历史研究家和历史学家。

卢西安父亲的朋友建筑师理查德·内特拉回忆了西格蒙德·弗洛伊德书房里的细节："庞培壁画[1]……木乃伊碎片……繁多的埃及青铜器……陶瓷……古董花瓶、绘画……雕塑……古希腊黄金饰物和这些书……色情作品。令人惊叹。"

在弗洛伊德博物馆的档案短片中，可以看到 15 岁的卢西安，他和他的祖父（第二年就去世了）并肩站在艾斯沃思大街 39 号的一个金鱼池旁，西格蒙德一直住在这里，直到马尔斯菲尔德花园的房子竣工。卢西安非常喜欢西格蒙德，后来他在伦敦的时候，还炫耀般地穿着祖父的毛皮大衣。尽管如此，他却拒绝参加西格蒙德的葬礼，这引发了一场家庭风波。在 20 世纪 70 年代，他对作家约翰·葛雯说："这样做对我毫无意义。"

即使在很小的时候，卢西安就被认为是一个神童了。"我头一回遇见他是在 1938 至 1939 年的冬天。当时，他已经被当作天之骄子。"他的第一个传记作家劳伦斯·葛雯写道，"他在夏洛特街的一间画室里，兰波和魏尔伦房子的拐角处，和一个爱炫耀并自封为斯文加利[2]的人在一起，此人在他耳边低语：'你棒呆了。'"

---

[1] 庞培壁画，罗马时代壁画。庞培是罗马古城，公元 79 年由于维苏威火山爆发而被掩埋，1748 年重新被发掘出来，许多壁画保存如新。
[2] 英国小说家、插图画家乔治·杜·莫里耶（1834—1896）小说《软帽子》中的人物。斯文加利是一个阴险的音乐家，在他催眠般的影响和摆布下，把一位巴黎画家的模特变成了著名的歌手。斯文加利因此成为将他人引向成功的具有神秘邪恶力量的人的代名词。

还有别的，无形的某种东西。葛雯写道："他同时具有敏锐、极强的感知力、轻盈，并含有威胁的意味"，这些都成为他终身烙有的印记。这种轻微的破坏性特质也被斯蒂芬·斯宾德观察到了，他是最早复制弗洛伊德作品的人之一，他认为弗洛伊德是"充满活力的，似乎不太像人类，反而更像是爱尔兰民间传说中的小妖精，小矮人，抑或是作为男性的对立面，一个女巫"。

这不仅是因为卢西安那"非凡的外貌"，这位艺术家的朋友布鲁斯·伯纳德在他研究弗洛伊德的权威专著中提到，他的外表叫人印象深刻，但葛雯的描述则是"即使在弗洛伊德还年少无知的时候，在他的眼神中依然能捕捉到那显而易见的尖锐"。这种尖锐构成了他身上的主基调。

卢西安·米迦勒·弗洛伊德于 1922 年 12 月 8 日出生在柏林。他的中间名是天使长米迦勒[1]的名字，就像那他的两个兄弟一样，斯蒂芬·加百列和克莱门特·拉斐尔。他的父亲恩斯特是西格蒙德的第四个，也是最小的儿子，被家庭看作是一个幸运的孩子。虽然恩斯特最初想成为一名艺术家（至少西格蒙德在与他著名的病人"狼人"讨论自己儿子的职业生涯时是这么说的），后来，他又决定从事更务实的建筑专业，但他仍然对艺术痴迷。葛雯看到过他

---

[1] 米迦勒，《圣经》中一个天使的名字，伊甸园的守护者，奋力与黑暗势力斗争的、也是唯一提到的具有天使长头衔的灵体。四大天使长又融合不同的宗教传统，分别为加百列、米迦勒、拉斐尔和乌列。

在1913年所绘的一系列阿尔卑斯风景画,根据葛雯的说法,恩斯特是一个成功的水彩画家。和许多德国青年一样,他是诗人莱内·马利亚·里尔克[1]的狂热粉丝,所以西格蒙德还给他亲爱的朋友卢·安德烈亚斯-萨洛梅(里尔克著名的情人和导师)写了信,问她是否可以安排里尔克和儿子恩斯特见一面。里尔克通过他的朋友雷吉娜·乌尔曼,送给恩斯特一本诗集《田园祈祷》(*Field Sermon*)作为回礼,并由他亲自题写了祝福语。

卢西安的名字来自于他的母亲露西·布拉希,她是一位富足的、柏林玉米商的女儿,她的父亲名为约瑟夫·布拉希,母亲名为艾丽丝。露西在慕尼黑研究古典语言学,在柏林先学了德语之后,又在慕尼黑师从著名的瑞士艺术史家海因里希·沃尔夫林学习艺术史长达一年时间。露西的姐姐格达的女儿赞特纳将露西描述为"一个充满活力又活泼的知识分子。她在大学研究古典文学,作为一个年轻女孩,这是相当不寻常的。她非常有趣,非常漂亮,有一头乌黑的秀发"。至于她的背景,"露西的父亲是当时玉米交易所的主席。这是一个布登勃洛克式的家庭[2]"。(正如克莱门特·弗洛伊德在他的回忆录《弗洛伊德的自我》

---

[1] 莱纳·马利亚·里尔克(Rainer Maria Rilke,1875—1926),著名的德语诗人、小说家,也撰写剧本、杂文及法语诗歌,对19世纪末的诗歌及欧洲颓废派文学影响深远。
[2] 《布登勃洛克一家》,是德国作家托马斯·曼(1875—1955)早期写的一部长篇小说,布登勃洛克的名字代表了德国的名门望族和城市贵族。

（*Freud Ego*）中所说的那样："我父亲的家族高贵，我母亲的则富有。"）

恩斯特先是在 1912 至 1913 年在维也纳上了技术大学，学习数学和工程，他还在其他课程中学习了画自然和人体的草图。1913 年，他离开维也纳去了慕尼黑。在慕尼黑大学，他和西奥多·费舍尔[1]一起研究建筑。根据葛雯的说法，他还上了艺术课。1914 年，他自愿加入了奥匈帝国的军队。虽然起初他因为健康问题被拒，但最终还是被分配到了一支高炮连，连队在多贝尔多高原遭受重创，而他是唯一的幸存者。他获得了一枚金质奖章（最终一共赢得了三枚）和一个为纪念五名阵亡战友而受委托的项目。

恩斯特·弗洛伊德并没有从大学退学去参军，所以战争结束后他又在 1918 年年底回到了大学。他还认识了当时在慕尼黑学习的露西·布拉希。恩斯特于 1919 年通过了期末考试，毕业后他找到的第一份工作是给建筑师弗里茨·兰道尔做实习生。露西在结束了学业后搬回了家里。当年的晚些时候，他搬去柏林和露西住到了一起。

对恩斯特来说，1920 年的情况并不好。他的妹妹苏菲在当年的 1 月 25 日死于流感，恩斯特也参与了妹妹的墓碑设计。在那段时间里，他自己也患上了肺病，并被要求在瑞士的阿罗萨进行住院疗养。到了 1920 年 5 月 18 日，他

---

[1] 西奥多·费舍尔（Theodor Fisher, 1862—1938），德国建筑师、教师。

已经完全康复并和露西结了婚。然而,在1921年2月至4月,他又不得不返回疗养院待了三个月。儿子的健康状况让西格蒙德尤为关切,他在写给一位朋友的信中说,疗养院的日子是"如此之短,当一个人加入了富裕之家……我只希望布拉希家族不要太过精明以至于让人怀疑这些背后有什么蹊跷"。但在那时,露西已经怀上了第一个儿子,斯蒂芬·加百列·弗洛伊德于1921年7月出生了。

这对夫妇后来回忆起当时所住的地方,他们称之为"迷人的家"。它在摄政街,位于富裕的蒂尔加滕区。卢西安两岁的时候,家里迎来了第三个儿子克莱门,他们需要搬到更大的公寓去,仍然在摄政街23号。(克莱门特·弗洛伊德称这个社区是"柏林最好的地方"。)卢西安八岁之前,这家人一直住在那里。其内部室内装潢和家具均由恩斯特设计,1928年《死亡金字塔》(*Die Pyramide*)杂志的一篇文章和照片里介绍了它。

在沃克·M. 威尔特的书《建筑师恩斯特·L. 弗洛伊德》(*Ernst L·Freud,Arhitect*)中详细描述了他们的家,其中介绍了它的许多现代元素以及对细节的密切关注。正如威尔特所描述的,弗洛伊德的设计运用了装饰性、功能性和家居生活等复杂概念。有一个工作室/起居室内陈设了棱角分明的立方体家具;一个占了整面墙的书架建在砖砌的壁炉旁边,还有一个风格派的杂志柜;恩斯特的办公桌则是敞开的,内置了架子。大扶手椅子面对着壁炉,与桌子配成了对,形成完整的画面。相反,卧室由浅色调的精致漆木制成。衣柜里装着上了釉,挂有帘子和窗格的门。同样的家具在这家人逃离德国后被运到了弗洛伊德位于伦敦的新房子里。

和他的母亲一样,卢西安被昵称为卢克斯,从很小的时候就开始接触艺术。房子里挂满了葛饰北斋[1]的浮世绘和丢勒[2]的版画。西格蒙德"奇迹般地理解他并且被卢西安对艺术的兴趣逗乐了",他也带了卢西安素材,其中包括勃鲁盖尔[3]的《四季》版画以及《一千零一夜》的插图复制品,祖孙二人还都是早期德国连环漫画《马克斯和莫里茨》(Max and Moritz)的粉丝。

孩子们有家庭教师和一个由书本和玩具精心装饰的空间。卢西安记得他最喜欢的玩具是一个有关节的木马,他后来说这个木马帮助他理解了"韧带与骨骼间的机械连接"。根据卡罗拉·赞特纳的说法,"我能明确告诉你恩斯特是一名建筑师,也是一个美妙的犹太中产阶级,他周围都是美丽的东西,他对周围的艺术世界了如指掌。恩斯特也进行了相当多的埃及学研究。我记得我的童年总是无数次地被拖去博物馆,我想,对于卢西安来说也同样如此。"

---

[1] 葛饰北斋(1760—1849),日本江户时代的浮世绘画家,对后来的欧洲印象派绘画影响很大,代表作有《富岳三十六景》。
[2] 丢勒(Albrecht Dürer,1471—1528),德国文艺复兴时期最著名的画家、版画家。
[3] 彼得·勃鲁盖尔(Bruegel Pieter,约 1525—1569),16 世纪尼德兰地区最伟大的画家。一生多以农村生活作为艺术创作题材,画面多带有深刻的隐喻。

的确，卢西安的外祖母经常带他去柏林的埃及博物馆，在那儿，他被奈菲尔提蒂王后[1]的头像深深迷住了。

柏林在当时是新成立的魏玛共和国[2]首都。恩斯特·弗洛伊德受到了维也纳建筑师阿道夫·卢斯的影响，把办公室设在家里，并且和另一位来自维也纳的建筑师亚历山大·科兹进行过短暂的合作。在公司和住宅区之间是两个半独立式的房子和一个烟草仓库。恩斯特很轻松地在他父亲和弗洛伊德家族的朋友当中找到了关系和客户，设计"布尔乔亚式"[3]的内饰，根据他的传记作家威尔特的说法，他在某种意义上成为了"社会建筑师"。克莱门特·弗洛伊德写道，他的父亲属于"包豪斯建筑学校，为著名的客户设计房子"。恩斯特创造了新式的现代房屋，包括一对精神分析学家夫妇的城市居所和德意志银行董事西奥多·弗兰克博士巨大的乡村豪宅。

更重要的是，柏林正在发展成一个精神分析中心，恩斯特以他设计的精神分析式书房和办公室闻名。在他移居到伦敦后，他仍然保持了这个特色并持续获得了成功。他甚至设计了著名的英国分析师梅兰妮·克莱因的咨询室，这是他在

---

[1] 奈菲尔提蒂王后是古埃及新王国时期（公元前 1550—公元前 1070）法老阿肯那顿的妻子，以美貌而闻名于世。1912 年德国人在埃及发现了当时烧造的王后头像，带回德国并陈列在博物馆。
[2] 魏玛共和国是指 1918 年到 1933 年期间采用的共和宪政政体的德国，是德意志帝国在第一次世界大战中战败，霍亨索伦王朝崩溃后成立。其使用的国号为"德意志国"，"魏玛共和国"这一称呼是后世历史学家的称呼，不是政府的正式用名。
[3] 布尔乔亚，这里指资产阶级。

伦敦的第一个项目。（与西格蒙德的书房不同的是，恩斯特设计的咨询室通常是井然有序的，呈几何，为的是保持质朴无华，他还保持了西格蒙德从沙发到椅子的空间布局。）弗洛伊德一家很富裕，足以拥有佣人：女仆，厨师，家庭教师，还有位于波罗的海上夏季别墅。就在被誉为豪华的波西米亚飞地[1]的希登塞岛上，这个度假屋实际上是半间20世纪初的渔夫小屋，恩斯特进行了整修，他升高了屋顶并用瓦片代替茅草覆盖，再加上两个屋顶窗和一个滑动玻璃门。

恩斯特的美学修养在他所有的设计中都很明显，从某客户的托儿所内置家具到希登塞岛别墅里独一无二的桌子。桌子是黄铜制成的，镶嵌着"美妙的材料橡胶，呈一种白色泛绿，还有些许红和黑的颜色"，卡罗拉·赞特纳仍然记得精确的细节。恩斯特与西格蒙德（也和里尔克）分享了关于拿来装饰房间或屋子的个体对象——会对情感价值产生怎样深切的感受——他的家庭守护神。卢西安敏锐地意识到他与自己的工作空间有种亲密的神圣性，也就是他的画室，可能承自他的祖父又因袭他父亲的某种东西。

虽然卢西安和他的兄弟们在成长的过程中没有遵循过犹太教（克莱门特·弗洛伊德说他直到六岁才知道自己是个犹太人，他的表妹卡罗拉解释说："我们先是德国人，其次才是犹太人。"）恩斯特·弗洛伊德和早期的犹太复国主

---

[1] 飞地，指在本国境内隶属另一国的一块领土。

义者有紧密的联系。他在维也纳读书的时候就成为了犹太复国主义青年团的成员。在移居慕尼黑和柏林期间，他还在继续活动。他和一个名叫古斯塔夫·科洛让克的犹太复国主义者成了亲密朋友。古斯塔夫后来成为朱迪希出版社的董事，恩斯特为他设计了一些家具。恩斯特甚至还一度发表过一场关于"激进犹太复国主义"的演讲。

恩斯特和露西订了《犹太人》（*Der Jude*，犹太复国主义杂志），在卢西安童年时代的家中，这些书的副本都摆在书架上。恩斯特的犹太复国主义老友也为他提供了生意，其中有一些是通过西格蒙德认识的。

麦克斯·艾廷根，一名医生，也是第一位弗洛伊德精神分析学家。艾廷根雇了恩斯特设计他的公寓内部，并交给他第一项已实施的任务：为他在柏林开设的神经疾病精神分析治疗诊所进行内部设计（根据威尔特的说法，这是世界上第一个精神分析诊所）。通过艾廷根，恩斯特被介绍给犹太复国主义者建筑师亚历山大·贝尔沃德，他在海法建造了以色列理工学院。恩斯特本该被贝尔沃德雇来帮助他在巴勒斯坦建造的炼油厂制定计划。

20世纪20年代末，恩斯特还参与绘制了哈伊姆·魏茨曼[1]和维拉·魏茨曼在斯科普斯山所建房屋的早期图纸。

---

[1] 哈伊姆·魏茨曼（Chaim Azriel Weizmann，1874—1952）是一位出生在俄罗斯的英国犹太裔化学家、犹太复国运动政治家，第一任以色列总统，并创建了魏茨曼科学研究所。维拉是他的妻子。

尽管恩斯特设计了图纸，但两个项目都没有实施。（这幢房子最终建在雷霍沃特，靠近魏茨曼学院，由埃里克·门德尔松[1]设计建造。对恩斯特来说，为了帮助建立希伯来大学，他似乎已经制定了一些初步的计划，准备搬去巴勒斯坦。20世纪30年代，他为一位银行家理查德·金斯伯格设计了办公室和家具，这位银行家是自恩斯特学生时代起便保持联系的犹太复国主义者。（恩斯特进入了显赫的圈子：在他家的某个社交场合，他把西格蒙德介绍给了阿尔伯特·爱因斯坦）。

1933年，阿道夫·希特勒掌权，作为犹太人，恩斯特和他的家人被迫逃离柏林；这个夏天，有一个邻居试图与露西和她的儿子攀谈，露西已经在家里经历了一次令人痛苦的反犹事件。国内的情势日渐紧张，根据赞特纳的说法，露西的妹夫（也是卡罗拉和卢西安的叔叔）鲁迪·莫斯，一名地主和知名报业集团家族的成员，"在清晨五点被捕，连鞋带和裤子的背带都没来得及系就被告知了等待他的将会是什么。随即在数小时内身亡了。我听说他被丢到了一辆运煤车下面，也可能是直接被枪击了。"

卢西安对那些黑暗的日子印象深刻。他说在1933年2月，他看到了国会大厦的大火，他告诉葛雯，他的学校——柏林的弗朗佐西斯科中学为了不让学生看到国会燃

---

[1] 埃里克·门德尔松（Erich Mendelsohn，1887—1953），德国犹太建筑师，以设计德国表现主义的代表作——爱因斯坦天文台著称。

烧的景象，就让年轻的学生们绕道而行。他甚至声称自己看到并拍摄过希特勒本人。"1931年我9岁，和我的家庭教师一起散步，我带着照相机。我被他深深吸引住了，因为他的保镖们身材那样壮硕，而他却相当矮小。"他告诉一位采访者。

据葛雯称，早在1929年，卢西安就"在同学当中臭名昭著，他急切地在抢劫、放火和在墙上画不祥的标志这样的'游戏'来模仿同学们的长辈。"他看到犹太人被嘲笑而"成为恐惧的受害者，这是他此前从未遭遇过的。这样恐怖的恶劣环境在他的一生中都留下了影响"。不过，卢西安后来不得不停止模仿他的同学，也不再画纳粹党徽。他也曾问过他的母亲为什么犹太人比其他人优越，他妈妈告诉他"因为他们不杀人"，卢西安告诉布鲁斯·伯纳德，他并没有完全理解这个概念。"我是一个犹太人，我从来没有想过这个，这是我的一部分。"他后来对他画中最著名的主人公之一，表演艺术家李·鲍厄里[1]如是说。无论如何，这家人在纳粹公开烧毁犹太知识分子包括西格蒙德·弗洛伊德在内的著作几天前就离开了德国。

正如卢西安本人在一次采访中所说的那样："我是什么样的男孩？哦，我在柏林度过了一个相当普通的童年。

---

[1] 李·鲍厄里（Leigh Bowery, 1961—1994），澳大利亚表演艺术家，俱乐部发起人和时装设计师。成年后大部分时间生活在伦敦，他是卢西安·弗洛伊德的重要模特和缪斯。

1929年左右,我开始意识到自己是犹太人。突然,我成了一个局外人,一个被追捕的人。当然,我反叛了,变得怨恨异常。我会从家里消失,不让人知道自己在哪里。我变得神神秘秘让父母抓狂。总之,在1932年,我们来到了英国。"

恩斯特先是开始探索业务,6月,他把家安顿好,又和熟人联系上了,他时常与露西通信,描述他的会晤,有些是偶然碰见的,有些是和别的犹太人以及他父亲的几个朋友见面。他还和建筑师们联系以寻找工作机会。包括建筑协会秘书弗朗西斯·罗兰·耶布里和建筑师埃里克·门德尔松的英国商业伙伴塞吉·希玛耶夫[1]。9月,露西带着他们的三个儿子离开柏林到了伦敦,此前恩斯特已经回到了柏林,他11月才到了伦敦。当一个特别设计过的大理石桌子抵达柏林时,他们松了一口气,因为这张桌子的管状腿里塞满了"弗洛伊德的财富";而在法律上,他们只被允许携带极小一笔钱。

不足为奇的是,恩斯特在伦敦的许多早期客户也是德国犹太人难民。他很快就能在这个新城市里模仿他在柏林的惯例,从松树屋的音乐厅到汉普斯特德的精神科医生的房子翻修(最后以一幅狄安娜在野兽中的壁画结束了装修)再到弗洛格诺的收尾工程,一个联排别墅项目开发,他都

---

[1] 塞吉·希玛耶夫(Serge Chermayeff, 1900—1996),俄罗斯出生的英国建筑师、工业设计师、作家。

能拿下。

至于他自己的家,在伦敦的最初一年,恩斯特和露西以及他们的三个儿子住在几间公寓里,先是在威斯敏斯特区靠近皮卡迪利街附近的克拉吉斯街,随后搬到了汉普斯特德。到了1935年,他们搬去的地方成为了之后的永久居所,圣约翰特雷斯大街32号,多少让人想起他们在柏林的旧址。这座三层楼的房子显得很新奇,它极其狭窄,只有15.5英尺宽。恩斯特极为迅速地对它进行了翻新,在一楼创造出宽敞的客厅和餐厅区域,还有一个内置的餐具柜。他的书房在一楼的后部,有一个通向花园的玻璃滑动门。房子里的家具和其他熟悉的东西来自他们在柏林的房子,包括二楼主卧以及卢西安和兄弟们卧室里的一些物品。弗洛伊德的书房有一个壁炉,和在柏林时的差不多,还有一个大书架,隔板也来自柏林。房子的整体效果是现代的,极具功能性,与当时标准的伦敦公寓有些背道而驰。

在接下来的几年里,弗洛伊德家的一些亲戚都搬到了附近。西格蒙德去世后,亚历山大·弗洛伊德买下了他的房产,安娜·弗洛伊德和一名合伙人开了各种各样的汉普斯特德战争托儿所,离马尔斯菲尔德花园不远,花园紧临圣约翰别墅,最终将这个社区变成了弗洛伊德家族飞地,或者像威尔特(参照西格蒙德·弗洛伊德在维也纳的住宅)所说的"博格巷"。

恩斯特还营造了一个极赞的英式房屋,用来解决之前在希登塞岛错失的海边小屋。恩斯特买下北海的萨福克海岸小镇瓦伯瑞克的一间茅屋并进行翻新,他们把新的度假屋叫做希登之屋,大约是根据希登塞岛来命名的。这个高大的单层建筑有一个像谷仓一样的主房间,椽子都露在外面,恩斯特为它添加了一个漂亮的大海景窗。正是在那里,夏季的某日,卡罗拉·赞特纳看到了她十几岁的表兄卢西安走过天花板的横梁,双眼紧闭。

2 学做卢西安

卢西安很小就开始画画了,他现存最早的一幅作品是令人不安的《着火的烟囱》(*Chimneys on Fire*)。九座颜色相似的房子用蜡笔画成。雄雄烈火从烟囱里冒出来,于 1928 年完成,当时他 6 岁。1930 年五只鸟的蜡笔画是在希登塞岛完成,他的母亲向佩姬·古根海姆画廊[1]递交过这幅画,于 1938 年在画廊的一个儿童画展中被展出了。露西保留了三个儿子的绘画,甚至还存有了几幅恩斯特的作品,她把儿子 7 岁画的画收藏了许多年,这足以见得她在儿子很小的时候就坚信他的才华。(更别提卢西安对自己的坚信了。"这很好,小心保存。"他在一张画上这样写。)

露西似乎很偏爱卢西安。克莱门特·弗洛伊德回忆说:"我的母亲很漂亮,但非常有距离感。当她走进托儿所,她向斯蒂芬和我点了点头,然后坐下来和卢西安一起喃喃低

---

[1] 该画廊位于威尼斯。佩姬·古根海姆(Peggy Guggenheim, 1898—1979),是 20 世纪现代艺术著名的女收藏家。

语。他们之间有秘密。"卢西安·弗洛伊德后来说:"从一开始,她对待我的方式就像我是她唯一的孩子。我很厌烦她的关注。"赞特纳回忆,她看到卢西安的画被自豪地展示在弗洛伊德家。艺术历史学家和评论家威廉·费弗指出:"从童年开始,卢西安就画一些有妖精和仙女的图画,堆得高高的桌子,还有希登塞岛上弗洛伊德家的度假屋外的梨树。后来他又转向了充满奇思妙想的心灵游戏。他的朋友耐心地坐下来让他画像,蚀刻版画和素描展现了他对安格尔的喜爱。"(后来,马和狗的画作也成了他的挚爱。)

在他们到达伦敦后不久,卢西安和他的兄弟克莱门特和斯蒂芬被送到达灵顿。恩斯特在德文郡一所开明的男女寄宿学校里教授西格蒙德·弗洛伊德的学说,恩斯特也不用为他的三个儿子付学费了。在那里,卢西安更喜欢骑马去上美术课(他不喜欢老师),很快他就把自己变成了一个狂野的孩子。从很小的时候起,他就表现出了对待动物比对待人更亲密的倾向。(在柏林,他们家曾有一只名叫"比利"的灰猎犬,或许这正是成年弗洛伊德一画再画的挚爱宠物——小惠比特犬的原型。)在评论他不合群的行为时,他的父亲曾说"我的儿子就是一头野兽"。

弗洛伊德后来谈到了家族移居伦敦的事,"希特勒对待犹太人的态度迫使父亲决定把我们带到伦敦,那儿是我最爱的地方"。但对于一个 10 岁的男孩来说,转变也是很艰难的,首先要从讲英语开始。的确,卢西安当时既不会说也看不懂英语,他还是左撇子,很难学会写合适的手写体,所以他发展出一种特别的书法,而且在一生当中都保留着轻微的德国口音。"当我刚来英国时,一开始我只能写德国哥特体的书法。"他告诉费弗。在达灵顿大厅的一封信中可以看到,"卢西安似乎没有精通英语,但他很快就忘记了所有的德语;这似乎是一个反抗学法语的好理由。"(卢西安并不是唯一一个学英语遇到困难的人。克莱门特也回忆说,他最初因为不理解这门新语言而遭受过折磨。)

达灵顿位于德文郡的乡下,那里有一个农场,大家通常可以找到卢西安"在照料马匹和山羊"。他在外公外婆位于科特布斯的庄园里时就已经很熟悉马了。后来马厩被烧毁,带给他一种关于"动物暴乱"的生动记忆,可能是这段记忆带给了他灵感,使他在14岁时创作了卓越的油毡浮雕作品《脱缰之马》(*Runaway Horse*)。在达灵顿待了两年,由于对马的挚爱,他一度考虑成为一名骑手。他的弟弟回忆说,他"骑术高明,无所畏惧"。卢西安经常睡在马厩里,"和我最爱的马儿在一起",并且以一种非正式的渠道拥有了一匹名叫星光小马。不过,这并没有阻止卢西安向马扔石头,因为他喜欢看到马受惊飞奔。(当一位老师试图阻止他时,卢西安跑掉了,克莱门特形容他的哥哥当时"无所畏惧,一头卷发,好勇斗狠又极具艺术天赋"。)

卢西安的暴力对象蔓延到他的同学们身上;他"揍人,把他们摔倒在地,打得他们眼睛青肿、鼻子流血"。卢西安显然也有狡猾的一面。学校放假的时候，他靠卖小包的美国海军香烟赚零花钱，这是他在克拉吉斯街大楼里的贩卖机上弄来的。他发现这个机器只接受半便士硬币，先令不行。

达灵顿让他的父母意识到他们"不能再忍受他"了，卢西安被送到了布莱恩斯顿预备学校。这是一所男校，卢西安仍然在那里制造麻烦，经常被训导教育，不是用体罚的方式，而是被强制长跑，这倒成了他彻底的享受。最后他被要求离开那所学校，因为他"对社区造成了破坏性的影响"，包括制造了一件使当地人感到愤慨的事件；卢西安在伯恩茅斯大街上脱掉了他的裤子以此挑战一个朋友。但正是在布莱恩斯顿，卢西安在1937年创造了一件了不起的艺术作品，原始粗糙却展现了他的早慧：一匹三条腿的马，用砂岩雕刻而成，这出自一个15岁的学生之手。

恩斯特以这匹马作为他儿子才华卓绝的证据，这使他于1938年在伦敦中央工艺美术学校赢得了一席之地，在那里他避开了备受尊敬的伯纳德·梅宁斯基[1]教授的写生绘画课，短暂地师从约翰·斯基平[2]学习雕塑。这可能是在他的课上，卢西安做了"一条躺在岩石上的小雪花石膏鱼"，西格蒙德·弗洛伊德将它送给他心爱的学生玛丽·波

---

[1] 伯纳德·梅宁斯基（Bernard Meninsky, 1891—1950），具象艺术家，擅长人物画、风景画、水彩、水粉等。
[2] 约翰·斯基平（John Skeaping, 1901—1980），英国雕塑家，专长画马的画家。

拿巴公主，希望她能成为赞助人，后来果真如此。

卢西安并没有改变他不守规矩的方式，他学习打乒乓球并成为伦敦苏荷区诸如巴洛克皇家咖啡馆和热闹咖啡店的常客，他计划这样持续一个学期。据卢西安说，正是在这个节点上他的生命才"真正开始"。在咖啡店，他从一个年轻的女同伴那里了解到塞德里克·莫里斯[1]在埃塞克斯的东安格里亚绘画学校。[弗洛伊德后来给她画了一幅画：《码头上的女孩》(*Girl on the Quay*)，1941年。]

与此同时，西格蒙德·弗洛伊德最终被逐出了维也纳，于1938年6月6日抵达伦敦。据克莱门特所说，当纳粹进入维也纳时，出于保护他，美国大使和玛丽·波拿巴公主实际上搬到了他的博格巷公寓，出于对弗洛伊德的关心。但这并没有阻止党卫军的破坏。当党卫军要求他擦一下靴子而被拒绝时，他们强迫弗洛伊德签署了一份文件，并强迫他在书中加上了附言："我愿意向大家引荐党卫军。"他和他的妻子玛莎，乘东方快车于6月4日离开维也纳，带着他们的家庭成员和医生。他们在第二天到达巴黎与恩斯特碰头，在乘夜航船去伦敦之前与玛丽·波拿巴公主共度了一天。并于6月6日抵达维多利亚车站。

弗洛伊德、玛莎和安娜都有临时住所，直到他们在汉普斯特德的马尔斯菲尔德花园20号安顿下来。这里是一栋

---

[1] 塞德里克·莫里斯（Cedric Morris, 1889—1982），英国艺术家，因其肖像画、花卉画和风景画著称，同时还是艺术教师和园艺家。

两层楼的红砖联排别墅，安妮女王风格[1]，这是恩斯特为他们找的，他很快又对其进行了重新装修。他拆掉了墙壁，添加了阳台和凉廊。尽管努力复制了博格巷19号最重要的元素，也就是弗洛伊德的至爱书房，但建筑上的基本布局使得它难以实现。然而，他使出浑身解数以保证那些来自维也纳书房的物品在这个新空间里可以找到自己的位置，这有赖于安装一个从地板到天花板的落地书柜来实现，其中包括来自维也纳的两架比德迈厄式[2]的展示柜，增加其他的展示柜以及一个漂亮的农场桌，在桌上精心摆放着古董雕刻和塑像。弗洛伊德的精神分析床靠墙而放，后面还放着一把椅子。克莱门特回忆，每个星期天和其他的家庭成员一起拜访他的祖父，卢西安也和他们一起。感谢玛丽·波拿巴公主制作的电影剪辑和一些照片，这是6月25日星期六，弗洛伊德搬到伦敦之后不久，很明显，卢西安花了许多时间和他祖父在一起，他有机会让自己重新了解祖父迷人的古董收藏。

仅在搬到伦敦后的第十五个月，1939年9月23日西格蒙德·弗洛伊德就去世了。卢西安是唯一没有参加葬礼的直系亲属。"他的脸颊上像是有一个棕色的苹果，上面有一

---

1 安妮女王风格，起源于19世纪英国维多利亚时期的建筑形式，以庄重的建筑外观、配以名流贵胄的尊贵风格，深受当时上流社会追捧。
2 比德迈厄式风格，介于新古典主义和浪漫主义之间的过渡时期风格，以严谨的几何图形为明显特征。

排洞；我猜那正是为什么没有制作一个死亡面具的原因。"他后来说，"我心烦意乱。"去世后三天，西格蒙德·弗洛伊德的尸体被火化于戈德斯·格林火葬场，位于伦敦的犹太区。他的骨灰被放置在一个古希腊的瓮中，这是玛丽·波拿巴公主曾经送给弗洛伊德的，它曾经一度装饰过书房。

英国和法国刚在三周前对德国宣战。据克莱门特说，卢西安偶尔会去斯莱德艺术学校（尽管他在那时是唯一一个上学的人）。约翰·理查森[1]将于几年后的1942年在那里遇到他。街上的女人会问卢西安和克莱门特——他们和弗洛伊德家族的其他成员一起，刚成为归化的公民——为什么他们没有被征召入伍，卢西安通常的回答是："夫人，你为什么不生个战争宝宝呢？"

到了1939年的秋天，卢西安·弗洛伊德终于认真努力学习艺术。那年夏天早些时候，在他咖啡店朋友的建议下，他去了东安格里亚的塞德里克·莫里斯学校上学。东安格里亚绘画学校位于埃塞克斯郡的戴德姆，他在那里获得了性情古怪却影响力非凡的莫里斯的指导。就在这段时间，弗洛伊德收到了一本J. H. 布莱斯泰德的《埃及历史》，这是1936年出版于维也纳的版本。书中的古代木乃伊肖像和雕塑头像为他的事业提供了终生的灵感。这本书

---

1 约翰·理查森（John Richardson, 1924— ），英国艺术史家。

很可能是父亲恩斯特给他的,葛雯如此写道。鉴于时间,它甚至可能属于西格蒙德,他曾引用过此书,作为对《摩西与一神教》(*Moses and Monotheism*)的来源进行考察,并且在他去世前不久发表。(弗洛伊德告诉费弗,他不记得他是从他父亲那里还是从自己早期的赞助人彼得·沃森[1]那里得到的。

魅力四射的莫里斯和他的情人亚瑟·莱特-海恩斯一起创办了学校,弗洛伊德遇到了志趣相投的对象,有人看起来像他一样放纵不羁。更重要的是,他终于学会了专注于自己的工作,莫里斯非传统的方法激发了他的灵感。"他的作画方式非常怪异。他习惯从顶部开始,然后向下,就像一个织毯工,从顶到底,好像他在展现某种实际就在那儿的东西……看着真痛快。让人觉得心安。"他告诉费弗。弗洛伊德对莫里斯(同时也是个园艺师)崇拜有加,也对甫到的这个地方极为满意,"那儿人们认真工作,氛围很强烈",但这并没有阻止他时常搞恶作剧。卢西安声称,他曾因为对一根香烟的疏忽而引起了火灾,对场所的毁坏负有责任;前一天晚上,他和朋友还在画室里吞云吐雾。(就像此前和以后的许多艺术家一样,他把自己的形象塑造得很可怕,这件轶事已成为了经典。)

学校被焚毁后,弗洛伊德和莫里斯一起住在他家,这

---

[1] 维克多·威廉·彼得·沃森(Peter Watson, 1908—1956),英国收藏家和赞助人,创办了文学杂志《地平线》。

是在本顿的一个粉红色农舍，位于萨福克郡的哈德利。莫里斯是男同性恋圈子里的成员之一，他们指导并提拔了年轻的弗洛伊德。当弗洛伊德的家庭在1939年从圣约翰别墅搬到汉普斯特德，他们成了诗人斯蒂芬·斯宾德[1]楼下的邻居，他是弗洛伊德的早期粉丝，他清楚地意识到了弗洛伊德的与众不同。斯宾德曾经回忆说，他的妻子娜塔莎病了，卢西安上楼来给她安慰之物，形状像是一根芦笋茎。斯宾德是第一个发表弗洛伊德作品的人，这是一幅自画像，当时他刚刚17岁，作品于1940年4月发表在《地平线》（*Horizon*）杂志，杂志由彼得·沃森创办，西里尔·康诺利编辑。

正如伯纳德所说："弗洛伊德和英国文化圈中重要的同性恋阶层扯上了关系。"其中包括莫里斯、沃森，还有算得上是双性恋的斯宾德。弗洛伊德很快明白，这些人是先锋派的主要支持者，他在这些人的羽翼下受到滋养。莫里斯为他画了一幅非凡的肖像画，画中19岁的弗洛伊德有着一双深蓝的眼睛和性感的红唇，头上是浓密的黑卷发。这幅画影响了弗洛伊德的第一幅严肃作品，无论是在风格还是主题上。

众所周知，莫里斯（实际上是塞德里克·莫里斯爵士，第九代克莱尔蒙特男爵）作为一个园艺家而出名——他在

---

[1] 斯蒂芬·斯宾德（Stephen Spender, 1909—1995），英国诗人、小说家、批评家，作品专注于社会不公和阶级斗争。

萨福克郡种植了一个四英亩的花园——也因为他的植物绘画（大部分是他自己花园里的植物）以及风景和鸟儿的绘画而闻名。他画鸽子、苍鹭和雀鹰。后来卢西安也像他老师一样经常在画中使用植物图像。莫里斯也画肖像，这些肖像的特征都是大眼睛，犹如漫画人物。

在莫里斯家中，弗洛伊德画了《在威尔士的一箱苹果》(*Box of Apples in Wales*, 1939 年)，一张极为传统的油画，后来他又在画面中添加了一些威尔士山脉，灵感来自于那年秋天他和同学大卫·肯提希一起去威尔士的旅行。他们和斯蒂芬·斯宾德短暂地同行了一段时间，斯宾德还提供弗洛伊德一个给书制作的空白样本来作画，并邀请卢西安为他正在写的小说《愚钝的儿子》画插图。他在给莫里斯的信中写道："我已经完成了那幅一箱苹果的画，我在背景上画了些威尔士风景。……我还画了一个巨大的怪兽，还有夜晚的街道……我一直在画。这幅画比以前有意思多了。"

在当时，斯宾德写道："自从我在牛津大学认识奥登以来，卢西安是我遇到过最聪明的人。……他看起来像哈珀·马克思[1]，才华惊人，而且还很有智慧……"（第二年，弗洛伊德就会在马尔斯菲尔德花园 20 号为斯宾德作画，当时诗人正生活在那里。）卢西安的自画像在 1940 年

---

[1] 哈珀·马克思（Harpo Marx, 1888—1964），美国喜剧演员，默剧艺术家和音乐家。

4月发表在《地平线》杂志上,这是他第一次在报纸上刊登。伦敦的《标准晚报》(*Evening Standard*)写道,艺术家"必定会成为一个非凡的画家……聪明、富有想象力,具有直觉式而非科学和心理学意义上的感知力"。

那一年的绘画包括两幅相当具有表现主义风格的作品《马和人》(*Horses and a Figure*)以及《女人与反射在镜中的求爱者们》(*Woman with Reflected Suitors*)。(两幅画都有类似于蒙克[1]的特征,尽管弗洛伊德后来强烈表达了对德国表现主义的不屑。)《伦敦记忆》(*Memory of London*)是一幅肖像画,主人公看起来像是一个外表凶恶的新闻记者,在战争时代苍凉地想要唤醒城市。他迷人的自画像比莫里斯为他画的要质朴得多,只展现了他直截了当、一目了然的一面,在他接下来几年的大部分作品里,他特别突出了眼睛。在画面中,他的脸奇怪地变形,可能因为他是对着镜子画的(在往后的几年里他还多次这么处理)。

他所绘的莫里斯肖像(1940年)把老师画成了一个又瘦又怪的人,叼着烟斗,还将一只眼睛神秘地弄黑了。那时的其他作品包括以一种灵活的笔触为西里尔康诺利[2]和斯蒂芬·斯宾德所画的速写。他在1940年的《有鸟的风景》(*Landscape with Birds*)中,古怪滑稽的风格可以为一

---

[1] 爱德华·蒙克(Edward Monch,1863—1944),挪威表现主义画家、版画家,《尖叫》是他的代表作。
[2] 西里尔·康诺利(Cyril Connolly,1903—1974),文学评论家,编辑,《地平线》杂志创始人。

本吓人的儿童读物作插图,这很可能是受 16 世纪德国艺术家马蒂亚斯·格鲁内瓦尔德[1]的影响,卢西安钦佩他的作品。它展现了一个毫无疑问卢西安式的男孩,尽管他的脸是黑色的,腾空飘浮在一片风景中,风景包括海洋和海堤。在他的头顶上是一片被云雾遮盖的天空,十只模样疯狂的鸟翅膀羽毛零乱,布鲁斯·伯纳德形容它们"正从天上坠落下来"。

1941 年冬天,卢西安用他通过设计纺织品获得的一笔钱突然去了利物浦并加入了商船队,在巴特罗孚号当了一名普通水手。尽管他把颜料和绘画用品都打包好了,但严寒(布放在桶里立即被冻住了)和危险(一艘船直接在他身后被炸毁,他自己的船队也遭到飞机和潜水艇的袭击)让他除了给几个水手文身以外,没办法再更多地施展身手。

三个月之后,从新斯科舍省的哈利法克斯横渡大西洋回来之后,卢西安的航海时代就此结束了。他得了扁桃体炎,住院治疗了一段时间,在一幅悲伤的油画《医院病房》(*Hospital Ward*,1941 年)中描绘了一个躺在床上的年轻人(他自己和彼得·沃森的结合体),背景中是一名身穿制服的护士和几名卧床不起的病人。当他离开医院时,他回到莫里斯在萨福克郡重建的学校里。

---

1 马蒂亚斯·格鲁内瓦尔德(Matthias Grunewald,1470? —1528),德国画家,晚期哥特艺术的大师。他为伊森海姆祭坛画的《基督受难》描绘了基督受难时遭受的痛苦和折磨,极富感染力。

卢西安将莫里斯的作品描述为"以某种不恰当的方式揭示事物",而他自己恰恰在某种程度上又在努力赶超莫里斯。他的父母对结果感到惊骇。恩斯特写信给莫里斯:"我们很高兴听到你对他的进步感到欣喜……但我情不自禁地厌恶他带到伦敦来的最后一幅画,我希望他的风格和题材会发生改变。"

卢西安还在发展自己的风格,但现在他的作品中保留着扁平的相貌和被放大的眼睛,这是莫里斯的作品和德国讽刺漫画(卢西安认为它是一种无礼的东西)的典型特点,深具超现实主义特征(1936年伦敦举办过一场超现实主义大展),在他那幅被挂在《地平线》杂志办公室的、表情阴郁的《难民》(*The Refugees*,1941年)中,画面中心那个戴墨镜的当地牙医就像是"一个笑话",他被家人包围着,其中一个像妖精一样的孩子还伸出一条尖舌头。这种风格达到极致的作品是《乡村男孩》(*The Village Boys*,1942年),中心人物让人联想起他自己的自画像,背景上充斥着一些弗洛伊德在位于本顿的莫里斯学校的画室里所画的作品。

卢西安的作品有一个显著的特点,那就是他痴迷于对细节的关注。他的《男人和城镇》(*Man and Town*,1940—1941年)中,画了一个身材高大的男子站在某个村庄前,数百座单独的小房子在他身后,这幅画最能体现他的这种特点。(画中的细节是如此细致,以至于让人想起了局外人式的艺术例子[1]。）卡罗拉·赞特纳充满敬畏地观察卢西安以一种令人难以置信又巨细无遗地描绘女婴的作画方式，甚至连女婴的玩具猴皮毛都毫发毕现（《睡着的朱丽叶·摩尔》，*Juliet Moore, Asleep*，1943年）。"我现在还清楚地记得，我踮起脚尖站在他身后，看着他画画。他用钢笔和墨水在画一个睡在洗衣篮里的婴儿和她的玩具猴，他还画了篮子上那些繁复无比、纵横交织的编织物。我记得当时我在想，这简直难以置信。"

彼得·沃森在卢西安这一时期发挥了关键作用，他成为了卢西安的第一个赞助人，并为弗洛伊德和另一个画家约翰·克拉克斯顿成立了一个画室，位于圣约翰别墅阿伯科恩14号。弗洛伊德曾短暂地在位于新十字街的戈德史密斯大学上过一堂写生课，他所画的素描于1942年在伦敦勒费弗画廊举办的个人首展中被展出。

画家约翰·理查森是弗洛伊德的长年好友。他首次遇到卢西安是在斯莱德学校，那时还在1942年闪电战期间，在那儿"他突然出现，来看我们"（也来看看理查德打算与之结婚的、"脸色惨白"的那位年轻姑娘）。几个月后他到伦敦的皇家咖啡馆去见弗洛伊德，许多年后，他还生动地描述着对这位当时只有20来岁，正在冉冉升起的新星的深

---

[1] 局外人艺术，指没有受到主流文化或艺术规范太多的影响，而是接近于人类的本真表达，接近于最为原初的美的体验。基于此，有时外人艺术也被称为"原生艺术"或"精神病人艺术"。

刻印象:"一个战时的夜晚,我看见卢西安在一团绿色草木中间,瘦得像个纸片人,他单着一条腿站着,像一只鹳,他的眼睛因为紧张而低垂着。'亲爱的孩子,那个酷似兰波的是谁?'老诗人慢吞吞地对回答道。'是年轻的弗洛伊德。'"

3　女人和缪斯

1943年是弗洛伊德艺术的形成期；他的作品在早期的插图风格中就逐渐成熟，此时他还住在阿伯科恩，遇到了生命中的第一个挚爱，不同寻常的洛娜·维夏特。后来他向葛雯描述，称她为"第一个对我来说很重要的人"——但在一种乱伦的扭曲关系中，他后来娶了她的侄女凯蒂·加曼。

洛娜是出了名的荡妇，她在16岁的时候嫁给了比她大十岁的欧内斯特·维夏特，也就是伦敦司法长官西德尼·维夏特爵士的儿子。她甚至在14岁的时候就引诱了他。她生了两个儿子，第一个是在她17岁时所生的迈克尔。众所周知，洛娜·维夏特堪称尤物，从她那低沉的嗓音到深沉的蓝眼睛再到不屈不挠的精神，都极具吸引力。她佩戴珠宝，沐浴在香奈儿5号的气息中魅力非凡；她只穿一件泳装（虽然她也喜欢裸泳），佩戴珍珠项链。

洛娜（虽然她还是对维夏特投入了感情，但众所周知，她并不忠于他)和诗人劳瑞·李[1]在情感上纠葛多年,她头一回见到卢西安是在1942年的暑假期间,和她丈夫在索思沃尔德,那儿距弗洛伊德家在沃尔伯斯威克的夏季度假屋并不太远。在1943年探访萨福克的另一个情人大卫·卡尔(卢西安在塞德里克·莫里斯的学校结识了他——当学校被烧毁时,他正和卡尔在一起)期间,她和卢西安成为了情侣。

几乎没有人能拒绝洛娜·维夏特,她是加曼家族七姐妹中的一个,她们中的三人都是传说中的波西米亚美人;被凯瑟琳、洛娜和玛丽的浪漫征服的人有很多,除了卢西安和劳瑞·李,还包括维塔·萨克维尔·韦斯特[2]、作曲家费鲁乔·布索尼、画家伯纳德·梅宁斯基,还有雕刻家雅各布·爱泼斯坦(他成了卢西安的岳父);三姐凯瑟琳在当了爱泼斯坦三十年的同居情妇并为他生了孩子,(其中包括凯蒂,卢西安的第一任妻子)后来才嫁给了他,事实上他后来的妻子玛格丽特用一把带珍珠柄的手枪射击了凯瑟琳的肩膀。

洛娜是她们中最年轻的,也被认为是姐妹中最漂亮的一位。她和卢西安组成了令人耀眼的情侣。

约翰·克拉克斯顿告诉克里希达·康诺利——西里

---

[1] 劳瑞·李(Laurie Lee, 1914—1997),英国诗人、小说家和剧作家。
[2] 维塔·萨克维尔·韦斯特(Vita Sackville West, 1892—1962),英国诗人、小说家、园林设计师。

尔·康诺利的女儿、《稀有美人：加曼的姐妹们如何获取伦敦波希米亚人的心》一书的作者时说："卢西安是真正的明星……相当相当英俊，诙谐，机智，聪明，和他相处极其有趣。他既不是英国人也不是德国人……他是背井离乡的漂泊之人，不受习俗的约束。他很无拘无束，她也是。洛娜是最出色的伴侣，极其风趣，长得令人神魂颠倒；她只需一眼便可令你石化。她有着深沉的气质，不是那种飘飘然的人，她一点儿也不肤浅。她有一种神秘的内在气质。每个年轻人都想得到她。"女人们也赞同这样的说法。佩姬·古根海姆称她是"我所见过的最美丽的生物。她长着一双蓝色的大眼睛，还有一头赤褐色的头发"。

尽管他有着无法否认的惊人魅力，但也并不是每个人都会中了卢西安的魔咒。他可以表现出野性，"像狐狸一样"，摄影师约翰·迪金如是说。而且毫不奇怪，他的情敌李——有一次他们俩几乎要打起来——特别不喜欢他："……这个疯狂令人讨厌的年轻人吸引了她对于堕落的某种渴望。"他们二人在伦敦苏荷区的俱乐部里度过了许多夜晚；理查森在加勒比咖啡馆里发现了他们："我过去常在这里看到他们，接吻，待在黑暗里。"

洛娜给了卢西安一个斑马脑袋，后来被画进了他的第一个重要作品《画家的房间》（*The Painter's Room*，1943年）。她是在皮卡迪利大街的剥制师罗兰·沃德那里得到的，弗洛伊德对它极为珍视。根据费弗的说法，这是他在阿伯科恩的第一件珍藏。那年的晚些时候,卢西安搬到帕丁顿的德拉米尔街也一直带着这个具有异国情调的兽头。接下来的三十年里,他都住在那儿。

弗洛伊德在破旧的街区里欢天喜地,这儿到处充斥着下层社会人士,罪犯,他慢慢认识了其中的一些人(并且画了他们)。就像弗洛伊德自己说的那样:"德拉米尔是极端的,我对此很清楚。这是一个充满暴力邻舍的不宜居之地。"他告诉费弗。破烂的气息变成了那段时间他作品中一种强有力的因素。1993 年,约翰·理查森在为《纽约客》撰文时,形容卢西安完全可以被称为一个帕丁顿画家:"帕丁顿渗透到弗洛伊德的作品中如此之深,正如塔希提之于高更[1]。不管它是否在卢西安的想象中被表现出来,这个地方的奇异之处正在于它好像一张尚未收拾的床,还有那略显寒酸的灯光,最终都渗透到他所有的作品中,并使它们带上了伦敦的特点。"

迈克尔·维夏特,洛娜的小儿子(在另一件类似布鲁姆斯伯里行为的事件中娶了卢西安早期的情人安妮·邓恩),在弗洛伊德的画室里花了许多时间,也许先是在圣约翰别墅,然后在帕丁顿为弗洛伊德摆姿势,他为这个 12 岁的男孩画下了许多姿势,包括裸体(用手抓住他的阴茎《床上的男孩》,*Boy on a Bed*,1943 年)。他有时会和弗洛

---

[1] 保罗·高更(Paul Gauguin,1848—1903),法国后印象派画家、雕塑家,他在人生的后期只身来到南太平洋的法属塔希提岛,创造出独特的象征主义风格。

伊德待在一起，睡在德拉米尔公寓的地板上。维夏特自己也成了画家，他在自己的回忆录《高台跳水者》（*High Diver*）中说起那些日子，弗洛伊德最初画了一只鸽子，鸽子活着时被画进了他的肖像中，后来鸽子死了，他还继续画，直到它的尸体发霉腐烂（《男孩和鸽子》，*Boy with a Pigeon*，1944年）。

他一生都挚爱动物，弗洛伊德（和他崇拜的画家苏丁[1]一样）喜欢画它们死亡或被做成标本的样子，就像一个虚拟动物园：《死亡的鸟》（*Dead Bird*，1943年）、《盘子上的死猴子》（*Dead Monkey on a Dish*，1943年，后来他还在1950年画了另一版的死猴子）、《腐烂的海雀》（*Rotted Puffin*）、《桶里的小鸡》（*Chicken in a Bucket*）和《竹桌子上的小鸡》（*Chicken on a Bamboo*）两幅都画于1944年，还有《椅子上的兔子》（*Rabbit on a Chair*，1944年），也许他在这个附带系列作品中最令人难忘的是1945年所绘的美丽的《死去的苍鹭》（*Dead Heron*）。他在帕默宠物店购买了死猴子，苍鹭是洛娜在沼泽里发现的。维夏特和李所生的女儿亚斯明称洛娜是"卢西安的想象力"。

然后是《画家的房间》（*The Painter's Room*，1943—44年），画上的斑马头很突出，这是弗洛伊德早期作品中最明显的超现实主义，尽管根据艺术家自己的说法，这并非他

---

[1] 柴姆·苏丁（Chaim Soutine，1894—1943），俄罗斯画家，作品造型夸张、笔触扭曲，充满强烈的象征意味。

的意图所在。"我希望事情看起来合情合理,而不是非理性的,如果有任何东西可以消除超现实主义的面貌的话。"画中,一个超大号的斑马头被明亮的红色而不是通常的黑色条纹着色,它的头从窗户闯进房间里,或许是弗洛伊德的画室,里面只有一张双人沙发(在街角的旧货商店买来的),画上还有一棵尖尖的棕榈树,一条红色的围巾和一顶高帽子,这种服饰被费弗称为表达卢西安和维夏特之爱的"固定套装"。维夏特后来花了 50 磅买下了这幅画,是卢西安 1944 年在勒费弗画廊首次单独个展中买下的。斑马还出现在另一幅画中,即同时段完成的《蓝色桌子上的榅桲》(*Quince on a Blue Table*)。

虽然他画过在咖啡店时认识的那个年轻女孩,他称之为"洛丽鸟"的洛娜。她是卢西安的第一个爱人,并被他视为缪斯。1945 年,他画了几幅她的肖像,已预示了他后来所画的凯蒂肖像,不过并没有充分地表现出她令人惊叹的美貌。尽管如此,他们还是拥有坚定的艺术激情。"我想要传达的是,她是我第一个真正想要追求的人。"弗洛伊德告诉葛雯。在《女人和郁金香》(*Woman with a Tulip*)中,她倚在桌子边上,一朵花攥在手中,红得就像她微笑的嘴唇。在《女人和黄水仙》(*Woman with a Daffodil*)中,她垂着头,生气抑或悲痛,黄色的花儿似乎正在枯萎。

卢西安的作品显然正在进入一个重要的新阶段,显得更加个人化。尽管他的绘画仍然具有很强的插画风格,但他对油画开始更擅长了。根据评论家约翰·罗素的说法，"正是在1945年，卢西安·弗洛伊德开始用一种特殊的成熟方式处理油画了。这是因为他建立了与个体之间的一种全新的亲密关系。他的主题一直都是自传式的，到目前为止，它们要么是他特别钟情的东西……要么是他周围最直接的环境。但直到现在为止，他都一直过着没有特殊情感羁绊的、漂泊无定的生活。"

如果洛娜激发了他对亲密关系的渴望，弗洛伊德将会证明他（与洛娜极为相似）根本没有能力忠诚于浪漫，他已经开始欺骗她。一个新情人出现了，漂亮年轻的金发女演员，根据迈克尔·维夏特的说法，"她是个顶级美女"。

当洛娜发现他有了新情人就把他抛弃了。在她离开后，弗洛伊德对她尾随的一系列"壮举"读起来像是一本低俗小说。他先是跟着她去了苏塞克斯，她和家人一起住在那里，和彼得·沃森保持着关系。然后他现身在一个卷心菜地里，手里拿着枪，威胁着要么升枪打死她要么打死他自己。他还骑着一匹巨大的白马在她的房子里横冲直撞。作为和解弗洛伊德送给了她一只小白猫，她叫它白猫咪。

虽然她收下了小猫（甚至还画过它），洛娜却并没有回到弗洛伊德身边。据克拉斯顿说，卢西安再也没能和她重修旧好。"卢西安确实爱她，但是她再也没有回到他身边。这是他一生的挚爱。他对我说——我从没忘记——

'我永远不会去爱一个女人超过她爱我的程度。'我认为他再没有这样做过。他从未真正忘记过她。他写信说：'我仍然爱着洛娜，一直思念着她。'"也许是象征性的，他在他画室外的大厅里扔掉了那个斑马的脑袋。

洛娜是弗洛伊德迷恋的第一个大眼睛且具有流浪气质的美女，第二个则是凯蒂·加曼（洛娜的侄女），她后来成为了他的妻子。（有一个惊人的巧合，李也同样娶了洛娜的一个侄女凯西。）

1946年，卢西安和洛娜分手后不久，弗洛伊德在巴黎度过了对他影响巨大的两个月，在那儿他遇到了毕加索和贾科梅蒂。在沃森的经济援助下，他六月抵达光明之城，住在迪斯利旅馆里，这家旅馆位于雅各布街和波拿巴街的拐角处，与他同住的还有迈克尔·维夏特。他们两人每周日都会逛逛西岱岛。在那儿的鸟类市场，弗洛伊德把迈克尔当作模特来画画。即便如此，他仍然坚持自己的方式让模特儿一动不动地待几个小时，以便捕捉每一个细节。

很难想象谁会令毕加索留下深刻的印象，但卢西安做到了。他穿着格子呢裤子以及破旧的商船水手毛衣，戴着一顶土耳其毡帽（这东西让他假装自己还在伦敦）。弗洛伊德也花了很多时间给贾科梅蒂[1]摆姿势，贾科梅蒂是个优秀的模特儿，他和诗人奥利维尔·拉隆德一起，弗洛伊德

---

1 贾科梅蒂（Giacometti，1901—1966），瑞士超现实主义雕塑大师，画家。

把诗人和两只鹦鹉画在一起。他还与巴尔蒂斯[1]、鲍里斯·科奇科[2]、克里斯汀·贝拉尔[3]——他为他画了一幅绝妙的肖像——以及玛丽-洛尔·德诺阿依斯[4]交往,他和玛丽-洛尔一起去了维也纳,这样她就可以去西格蒙德在维也纳博格巷19号的房子前放一块纪念牌了。(根据理查森所说,卢西安自从十年前即德奥合并前夕访问过维也纳之后就再也没去过维也纳,当时他12岁。)"卢西安似乎很自然地融入了战后的世界,带入了先锋派的左岸生活,有些人很担心阴郁俗气的伦敦会留不住他。但英格兰的污秽却更有利于艺术实践。"理查森在关于弗洛伊德在巴黎的旅居里写道。

卢西安在三年后回到了巴黎,与第二任妻子卡罗琳·布莱克伍德私奔。但在回到英国之前,他和约翰·克拉克斯顿在希腊的波罗斯岛一起度过了几个月的美好时光,这次的旅行也同样是沃森资助的。这两位画家最初试图通过偷乘一艘布雷顿渔船到达欧洲,当他们计划失败后,二人航行到锡利群岛,他们在那里画棕榈树、海雀和大海。后来,沃森从伦敦画廊找到了他们,付了一些预付金之后,

---

[1] 巴尔蒂斯(Balthus, 1908—2001),法国20世纪卓越的具象绘画大师,贾柯梅蒂的挚友。
[2] 原文如此,疑为Kochno之误。鲍里斯·科奇诺(Boris Kochno, 1904—1990),俄罗斯诗人、舞蹈家和词作家。
[3] 克里斯汀·贝拉尔(Christian Bérard, 1902—1949),法国艺术家、时尚插画家、设计师,鲍里斯·科奇诺的爱人。
[4] 玛丽-洛尔·德诺阿依斯(Marie-Laure de Noailles, 1902—1970),法国社交名媛、艺术家,被认为是20世纪最具影响力的法国艺术赞助人之一。

克拉克斯顿起身去了雅典，而弗洛伊德则去了巴黎。

9月，弗洛伊德和克拉克斯顿会合，克拉克斯顿已经在希腊的波罗斯岛安排好了房间，他们一待就是五个月。在1947年，二人在伦敦画廊进行了一次联展，展示了他们在希腊创作的作品，之后的画作也陆续展示了。两位年轻的画家相互启发，弗洛伊德在一本素描本上画满了岛上的植物和动物。这些作品中有一幅是他们女房东儿子的肖像《希腊男子的头像》(*Head of a Greek Man*, 1946年)，克拉克斯顿买下了它，因为他很欣赏弗洛伊德"清澈而明亮"的风格，他还画了一幅克拉克斯顿的肖像《男子肖像》(*Portrait of a Man*, 1946年)，另有一幅《绿柠檬的静物》(*Still Life with Green Lemon*)，画面中稍稍露出了弗洛伊德的脸，他正在窗户旁凝视着。

克拉克斯顿描述了一个特别的日子："我在一天之内再次起身前往一座小岛，那儿，柠檬和橙子的味道在嘴里融化，山羊会把无花果最后的叶子从矮矮的树枝上扒下来。金黄的玉米会发出一阵沙沙声，大海从火山岩的海岸边传来竖琴班的声响……"克拉克斯顿就像迈克尔·维夏特一样，对弗洛伊德"绝对痛苦"的摆姿势要求抱怨不已。"他总是从一个眼球开始，然后是眼睛，接着是眉毛，再到鼻孔。"大概那时只有当克拉克斯顿为弗洛伊德作迷人的铅笔肖像画时，他才稍微宽容一点。

正如伦敦佳士得拍卖行负责战后和当代艺术的国际部

主任弗朗西斯·奥特瑞德所说:"他们之间相当亲厚,可以说'狼狈为奸'。我看过他们的素描本,你根本分不清他们的画。他们的绘画风格非常相似,但后来在个性和艺术上都分道扬镳了。"

事实上,虽然他们在阿伯科恩一起生活了将近两年,但他们的友谊到了最后却变了味。"我们快乐地生活、绘画……形影不离……就像兄弟一般……我从卢西安那里学会了观察入微,而卢西安则学会了素描、设计画面以及明白如何运用色彩。"克拉克斯顿说。尽管克拉克斯顿看重弗洛伊德的作品,但弗洛伊德在第一次卖掉了克拉克斯顿的作品用来偿还赌债后,最终将其作品悉数售罄。许多年以后,当克拉克斯顿也想卖掉他手上的弗洛伊德作品时,弗洛伊德可能阻止了他,并在画面的边缘写上"克拉克斯顿是个蠢蛋"。

不管最初是什么问题导致了他们后来共同的痛苦,最终都没有被解决。尽管克拉克斯顿是个同性恋,这和弗洛伊德的许多密友一样,从沃森到他最亲密的朋友弗朗西斯·培根[1]。但弗洛伊德却是他祖父所说的"多相变态"[2],他是个精力旺盛的异性恋者。在他生命的最后,众所周知,

---

[1] 弗朗西斯·培根(Francis Bacon, 1909—1992),英国20世纪最著名的表现主义画家。
[2] 弗洛伊德认为人生来就属于"多相变态"(polymorphously perverse),他相信个体原欲的发展,其建构性欲的力必度(libido)并没有任何自然、自动或固定的性欲对象,而是处于一种自我情欲主义,且任何客体都可能成为快感之源。

他有过无数的女性情侣（其中的许多都比他年轻很多）给他生了至少14个孩子，大部分孩子都是非婚所生。画家安妮·邓恩在20世纪40年代末曾和他发生过外遇，她告诉南希·舍恩伯格："很多男人和女人都爱着卢西安。"南希正是卢西安第二任妻子卡罗琳·布莱克伍德的传记《危险的缪斯》（*Dangerous Muse*）的作者。

4　伦敦的日子

到现在为止,弗洛伊德已经在伦敦塑造了一个名气大又光芒四射的形象了。他制造了一种浮夸的波西米亚风格,松松垮垮的外套,土耳其高帽顶在头上,手腕上还时常缚着一只鹰。根据琼·温德姆[1]的说法,那时弗洛伊德穿着他祖父西格蒙德的黑色毛领大衣,在和洛娜分手后,弗洛伊德和她还有过一段短暂的恋情。他坚持把食雀鹰当宠物养,在一段时间内,他还养了一只隼,理查森称其为"巨大而邪恶",其他目击者错以为它是"一只有六英尺翼展的秃鹰"或是"一只猎鹰,在房间里俯冲,最后落在主人的手腕上"。弗洛伊德喂给鸟吃老鼠,这些老鼠是用鲁格尔手枪在运河沿岸射杀到的。"我对鸟儿总是感到格外兴奋。如果你接触过野生鸟类,这绝对是一种奇妙的感觉。"

作家温德姆回忆了卢西安气质独特的眼睛。卡罗拉·

1　琼·温德姆(Joan Wyndham,1921—2007),英国作家、回忆录作者。

赞特纳也曾说过："他会怪异地抽搐，把眼睛睁得老大，然后使劲向上翻。"温德姆把弗洛伊德的眼睛描述为时常在空中来回猛冲的鹰。或者就像一个记者说的，弗洛伊德是"一个紧张兮兮的人，他的眼睛四下扫视，就像鼻烟壶里的跳蚤一样"。（他的女儿简·麦克亚当·弗洛伊德也具备了他这个特点，她能不可思议地模仿这种令人不安的抽搐。）

根据温德姆的说法，弗洛伊德喜欢在公园里散步，为了寻找年轻的流浪儿，把他们带回家，正如温德姆在《任何事只有一次》书中所写，"像流浪的小猫"。1946年，在诗人威廉·燕卜荪[1]的新年晚会上，温德姆遇见了他，当晚他们一起回到他的工作室，后来她说道："在冰冷的床上，我和一个有着精致的脸庞和有趣的灵魂做爱，仅此而已。"

她描述了他们第一次见面的细节："当我注意到一个男孩正在房间的另一头看我的时候，我想是不是应该装作喝醉了。他极瘦，像鹰一样，头发在前额上生得很低，眼睛悄无声息地来回梭动着。最后他走到我跟前告诉我，他叫卢西安·弗洛伊德。在我们交谈许久之后，他拉开了地板上的一扇暗门，带我走了一段漫长又摇晃的楼梯，引我到了育儿室……他把我推过来……吻了我。"然而，主人却极为愤怒，因为他们在他孩子的房间里亲密，女主人让他们

---

[1] 威廉·燕卜荪（William Empson，1906—1984），英国著名文学批评家、诗人，成名作为《朦胧的七种类型》，代表作有《田园诗的几种形式》等，曾在1937年至1940年间来中国执教。

赶紧滚蛋。

说到卢西安的画室,"天虽然冷得要命,却是有一种有趣的气息弥漫着。我最终找到了一只看起来相当沮丧的鹰,它坐在笼子的底板上,啄食着死老鼠的尸体。我不得不承认,卢西安让我觉得有些不适——他是如此的焦躁不安,迸发出强烈又神经质的情绪……第二天早晨,卢西安花了几个小时来画那只鹰,他们看起来很像。鹰身上的每根羽毛每丝纤维都被处理得一丝不苟——他似乎是在解剖而不是在画画。"

那天早上他们离开画室,"他打开了鹰的笼子,把不情愿的鸟儿用一条皮带绑在了他的手腕上……与卢西安生活从来就不容易,因为他是如此难以预料……"然而不久之后,温德姆意识到,她即将被"一个有着巨大眼睛的黑女孩"所取代。(这个女孩就是凯蒂·加曼)。

无论他们的恋情有多短暂,弗洛伊德仍然给温德姆留下了深刻的印象,她在一次与舍恩伯格的访谈中形容与他做爱"就像和一条蛇上床"。根据她的说法,弗洛伊德是"危险的,不仅好争辩,你还可以在你的信箱里找到燃烧弹。他干过这样的事。他对镇上的人做过可怕的事情。我很怕他。"温德姆本人也投下了一枚炸弹。"他做过最危险的事之一就是从不允许自己或者女性避孕。他有绝对的否决权。在伦敦到处都有他的孩子。甚至有些孩子他自己也不知道。"

尽管弗洛伊德对他的祖父有过美好的回忆（其中最早的一次，西格蒙德拿出他的假牙猛咬一通以此来逗他开心），在后来的几年里，他故意疏远这位著名的医生祖父，坚持说他几乎没读过他什么作品，而且并没有真正欣赏过精神分析法。但据温德姆说，当时他与家庭联系紧密。"他从未停止过思念他。总是引用他祖父的话。"当然，尽管英国反犹太主义根深蒂固（弗洛伊德自己也遇到过），但他显赫的血统在他寻求融入伦敦社会时并不会伤害他。

温德姆承认卢西安"非常迷人，长得很好看"，但他也很自私。"他只会谈论他自己和他的艺术。在八个月的时间里（她和他住在一起），我不记得他问过我任何关于我自己的问题。"他又刻薄又残忍。有一次，卢西安在火车上碰见她，当她向他开口借钱买票时，他说："不，我不能给你，但我相信你一定在火车上弄得到钱。"温德姆说，当他们还是恋人的时候，弗洛伊德向她解释他与女性的关系最终是有限的，因为"一旦我开始尊重或爱她，她就会变成我的母亲！我可不能和她做爱"。

分析和诊断艺术家身上各式各样的精神疾病已经成为一种陈词滥调。然而有趣的是，弗洛伊德表现出了一系列与阿斯伯格综合征[1]（或轻度自闭症）有关的特征，这种

---

[1] 阿斯伯格综合征（Asperger syndrome，简称AS），是一种泛自闭症障碍，其重要特征是社交困难，伴随着兴趣狭隘及重复特定行为，但相较于其他泛自闭症障碍，仍相对保有语言及认知发展。

诊断已经被过度使用，以至于最近被移出了精神疾病诊断与统计手册[1]（DSM），相反，它与孤独症谱系障碍归为一类。在过去的几年里，一些大众性的文章报道说，被诊断或自我诊断出来的人数呈爆炸式增长，这些人群都伴随着某种形式的孤独症——自闭症。

虽然不必要——当然也不可能诊断出来——为弗洛伊德的人格类型提供临床标签，但也很难忽略艺术家的一些突出特点：他对细节的敏锐关注，近乎强迫症的精神障碍，沉溺于女色和赌博，明显的社交障碍，以及对动物强烈的爱和与它们建立亲密关系的能力。他的几个孩子最近坦言，他们相信弗洛伊德患有阿斯伯格综合征是可信的说法（尽管至少有一个人强烈反对）。还有一个远亲达尼亚·杰科（西格蒙德·弗洛伊德的曾曾孙女，新英格兰阿尔伯格综合征协会的头儿）相信卢西安的一些特征符合某种"明显的迹象"，尤其是他对动物有强烈的亲和力。

"当你和他说话的时候，你的每一个动作……你的一举一动都会被注意到（或被映照）。"他的女儿简·麦克亚当说道，"因此，你会发现这个人和其他人不同，这是第一。第二，你被注意的方式是你此前从未被注意过的，此后也不会有人用这样的方式注意你。他不仅会注意你所说的每一个字、每一个动作，还会对你的每一个表情或情绪作出

---

[1]《精神疾病诊断与统计手册》由美国精神病学会所制定，和世界卫生组织制定的《国际疾病分类标准》，被看做是世界上最权威的两大精神疾病诊断体系。

反应。这是一种非常、非常古怪的行为特点。"

正如卡罗拉·赞特纳所观察的:"他的谈话并不自如。他根本不是个健谈的人。我倒认为与人交谈对他而言很困难。交流使他备受折磨。回想起来,我发现他无法进入传统的对话模式。当他在与人对话的时候他并不总看着你。他半闭着眼睛,好像只是断断续续地关注你。"

大卫·麦克亚当·弗洛伊德在他的童年里从未见过他的亲生父亲,成年后也很少相见。尽管如此,他在 2013 年 2 月告诉《独立报》说:"我认为他患有阿斯伯格综合征。我觉得他没有能力与他人产生共鸣。我想如果你见过他,阿斯伯格综合征患者会冲你大喊大叫……我父亲以高度凝视的眼神而闻名,但我认为这种目不转睛不过是他应付社交的方式。"

当被问及他对报纸有何评价时,大卫解释说:"我只能推测。不过他看得非常专注……我认为这是为了克服无法看别人的困难而作的努力。"此外,大卫还说:"他不抱别人,也不喜欢被人拥抱。"

他的个性中还有容易沉溺的特点。在这方面,卢西安堪称他祖父的好孙子。想想西格蒙德的上瘾习惯:雪茄、可卡因和收集埃及古董,他不仅把这些古董填满了书房,而且还经常把它们拿到餐桌上欣赏和把玩。

正如彼得·盖伊[1]在西格蒙德·弗洛伊德的传记中所

---

[1] 彼得·盖伊(Peter Gay, 1923—2015),美国历史学家、教育家和作家,广为流传的作品有《弗洛伊德:为我们时代而生》。

写的那样:"如果弗洛伊德对雪茄无奈的爱证明了原始口欲期的存在,那么他对古物收集的偏好则揭示了成人生活中原始肛门期的残存。"弗洛伊德自己把他"对史前时期的偏爱"称为"一种沉迷,其强度只略轻于他对尼古丁的眷恋"。他的资料室里塞满了雕塑,"散落在每一处可利用的空间"。

把西格蒙德的特殊癖好和卢西安联系起来并不是一件容易的事,卢西安热爱女人、赌博和绘画。虽说无法将卢西安(或者西格蒙特)的临床表现描述为"自闭症",因为他们都并未被确切诊断为阿斯伯格综合证(最近的精神病学术用语)。但卢西安对世界的认知显然异于他人。他极端的感知过程,以及为了在画面中细节毕现而对人们不断进行的精细周密的检视,也许不是一种美学上的选择,而是本能的策略,一种将遗传的行为性抽搐转化成高度原创性艺术的应对机制。

画人是弗洛伊德与他人建立关系过程中最深刻的方式。但即便这样也是个痛苦的过程,这需要被画者提供各式各样的坐姿。他这种严格的"审视"让他看起来更像是实验室里的科学家而并非一位画家。"我对他们很感兴趣,真的很感兴趣,就像对动物一样,我更喜欢他们裸体,因为这样我就可以看到更多的东西。"1991年弗洛伊德接受 BBC 采访时这样说。

当谈到他的绘画技巧时,弗洛伊德对自己提出了严格的禁忌。"我有一定的规则,我认为这些规则是非常绝对的。绝不能在颜料上再涂颜料。绝不许两次碰同一样东西。我也不喜欢让这些东西看起来像附庸风雅之物(像是手工制作的);我希望它们看起来是自然的状态。"他告诉费弗。安妮·邓恩描述了她为弗洛伊德摆姿势的巨大痛苦,她发现这来自"精神上的痛苦——因为被画的模特儿不得不最大程度上回馈弗洛伊德,这些模特儿实际上感到自己几乎被吞噬,稀释,反刍,对我个人来说,引发了我强烈的焦虑……我觉得自己已无力继续。"

弗洛伊德从未改变他严格的审视。即使他早期的作品是基于训练有素的素描技巧之上,且平面化倾向强烈。但到了职业生涯的中期,他开始寻求突破,尝试完全不同于平面的描绘,每一根头发,每一道皱纹,纵使在显微镜的检查之下,也不再呈平面和线状了,弗洛伊德出人意料地运用了厚涂法。然而,无论是他在 20 世纪 40 年代所绘的细致入微的肖像画,还是 80 年代通过高度观察而绘制的个性鲜明的肖像画,它们都具备共同的特点。弗洛伊德法医般的好奇心使他在描绘被画对象的时候带有一种动物标本式的意味;他们被无情地钉得死死的,与纳博科夫[1]的蝴蝶收藏有的一拼,只不过是挪到了画布上。你几乎可以闻

---

[1] 纳博科夫(Vladimir Nabokov, 1899—1977),俄裔美籍小说家、诗人、文学评论家、翻译家。20 世纪世界文学史上最有影响力的文学家之一,代表作有《洛丽塔》。在昆虫学、象棋等领域也有所建树。

到福尔马林的气味。就像他那宝贝斑马头一样，各种各样的模型都被他巧妙地保存了下来。

"我本希望我的肖像画就是人，而不是像他们。不是只有那些模特儿的外表，而要让他们成为他们自己。我不想自己只像一个模仿者去模仿他们，而是像一个演员一样去塑造他们。就我而言，绘画就是人。我希望它像是活的肉体一样服务于我。"他告诉葛雯。

到了20世纪40年代中期，弗洛伊德作品的主题几乎全部都是关于人，通常是他认识的人，或是与他关系亲密的人。他的朋友布鲁斯·伯纳德观察到："弗洛伊德作品的中心就是单个个体的肖像。他在洞察人类方面的天赋实质上是让那些在长相和性格上引起他兴趣的人，可以服从于他的审视，并帮助他信服画中真实的形象。"卡罗琳·布莱克伍德在1974年的一篇目录论文写道，弗洛伊德聚焦于"经显微镜放大后被残酷审视的人性"，虽然她也称弗洛伊德在四五十年代的绘画是他最"浪漫和温柔的风格"。

从这段时间起，弗洛伊德最好的作品就是凯蒂·加曼的肖像。这一系列由一把精致的黑貂毛刷画成，堪比以细密画著称的佛兰德斯画派[1]，相较于任何现代肖像画都要来得精细。在这些作品中，弗洛伊德早期作品的特点——

---

[1] 佛兰德斯画派，15世纪在比利时、卢森堡以及荷兰部分地区形成的画派，受到追求奢华的宫廷贵族，贵族化的资产阶级和教会团体审美要求的影响，发展了一种光彩夺目，富丽堂皇，充满动感的巴洛克绘画艺术风格。

平面化、对细节极致的关注——都打磨得更臻于完美了，然而还弥漫了一些新的特质，某种意义上来说，幽远的个人关系超越了从前一丝不苟的、临床般的观察。

"一切都是平等的，一切都要被同等地描述出来。"罗伯特·休斯[1]在涉及弗洛伊德40年代早期的作品时这样写。"这种客观均匀的关注度，夹杂着一种在所有客体身上的他者性当中隐含的焦虑，包括——房间、脸庞、植物、家具——都是弗洛伊德早期作品的核心。"

但是，在他那幅令人难忘的凯蒂肖像中，弗洛伊德想要在精细的图画风格中注入情感的本质。人们很难说绘画在呼吸，但画中的主体却是有感觉的——那种感觉被传达出来了，既向艺术家传达，也由他传达：移情，正如他的祖父所发现的——在绘画中被表达出来。

罗伯特·休斯后来写了一篇关于弗洛伊德的作品《拿玫瑰花的女孩》(*Girl with Roses*) 的文章（画面中凯蒂刚刚怀上他们的第一个孩子）："它极为巧妙又浑然地进行了过渡，从头发的细节（每条线似乎都在恰当的位置）到对肉体平滑程度的精细调整……所有的东西都被同等地关注着，对椅子断痕的关注……并不少于在那些焦虑不堪的、硕大的茶色眼睛里折射出的玫瑰花瓣和极微小的反光结构。其他现代主义的肖像画……已经精于对堆砌的细节进行考

---

[1] 罗伯特·休斯（Robert Hughes, 1938—2012），著名艺术评论家、作家、历史学家、纪录片制作人，畅销史诗巨著《致命海岸》是其代表作。

究,以及提炼出一种令人魂牵梦绕的爱欲之情?"事实上,弗洛伊德早期纯朴的风格导致了赫伯特·里德后来给他贴上了著名的标签,"信奉存在主义的安格尔[1]"。

1946年,艺术家在皇家咖啡馆遇到了这位模特儿,激发了"卢西安·弗洛伊德20年代的杰作"。他通过洛娜·维夏特认识了她。根据他们第一个孩子安妮的叙述:"洛娜安排了这一切。她已经对他感到厌倦,要离他远去。这就是洛娜所做的。"

作为神秘的加曼家族的一员,凯蒂有着纯正的波希米亚血统,这一点又因为一个事实而得以强化——她的父亲是雅各布·爱泼斯坦。尽管这本该是一个麻烦的婚姻,但她似乎符合弗洛伊德在浪漫和情欲方面的理想类型:因一双硕大的、富于表情的眼睛且少女感十足。在结婚前,弗洛伊德完美地捕捉到这双眼睛,从还没结婚时为她所绘的早期作品《女孩的头像》(*Head of a Girl*,1947年),到他为她所画的最后一幅肖像《女孩与白狗》(*Girl with a White Dog*,1951—1952年)。

凯蒂·加曼全名为凯瑟琳·埃莱奥诺拉·加曼,出生于1926年8月27日,是凯瑟琳·加曼和雅各布·爱泼斯坦的女儿,也是这对夫妇在1956年结婚之前所生的四个

---

[1] 让·奥古斯特·多米尼克·安格尔(Jean Auguste Dominique Ingres,1780—1867),出生于法国蒙托邦,新古典主义画家、美学理论家和教育家。作为19世纪的新古典主义代表,与当时新兴的浪漫主义画派对立,形成尖锐的学派斗争。

子女中的第二个孩子。凯蒂不是由她的母亲抚养长大的——她母亲当年作为爱泼斯坦的情妇，居住在布鲁姆伯利一个光秃秃的、没有暖气的布鲁姆斯伯工作室里，这被认为是不适宜的。相反，她在赫里福德郡由祖母玛格丽特抚养长大。她有艺术抱负，在伦敦的中央艺术和工艺学校学习艺术，师从伯纳德·梅宁斯基，也就是在那时她遇见了卢西安。她是个具有"神经质性格"的大美人，像卢西安一样极其善于观察并具有创见，虽然她往往很谦虚。她的女儿安妮后来形容她是一个纯洁的女人，"穿着制服，脚踝纤细，踩着精致的小牛皮鞋，身上有柠檬味古龙香水的气味"。

作为雅各布和凯瑟琳的私生女，在她青少年时期还未搬去伦敦和母亲一起生活之前，凯蒂就已经深谙于波希米亚的生活方式了。她多次为她的父亲坐下充当模特儿，她把那个狂野又标新立异的姑姑洛娜和露丝当作榜样。她并不是容易一惊一乍的人。她曾无数次听说过某个传闻，即在她出生数年前，她的母亲被爱泼斯坦愤怒的妻子玛格利特枪击过，即便这样她也能保持平静。卢西安的热情和不同寻常的艺术气质是极易辨认的。他们两人在认识一年之后，于1948年结婚。确实是一对天作之合的完美夫妻。

安妮曾这样描述过她父母的关系："我想他们对彼此都很动情。在比我们现在更早的时代，能像他们夫妇这样相貌出众可谓轰动一时。他们因此很出名。打扮也相互映衬，合在一起看令人称奇,魅力四射。他们相互引荐对方。比如我的父亲出生于一个世世代代、在任何意义上都算不上虔诚的、犹太教徒的家庭。有关信仰生活的观念以及类似的事情其实都不存在。我觉得父亲找到像我母亲这样有英国作风的人,包括她的血统,这真的很有趣。对于母亲而言,作为一个了不起的、艺术家的妻子,父亲身上散发的迷人魅力和异国情调,和他做着那些其他人绝对未曾做过的事,这些都该死的叫人兴奋。(尽管凯蒂有一个犹太父亲,但她却被祖母培养成了天主教徒。)对于他们而言,他们是多么珍爱彼此,享受彼此眼中的自己,成全并为对方付出。"

弗洛伊德绘制了许多凯蒂的肖像杰作,包括《穿黑夹克的女孩》(*Girl in a Dark Jacket*,1947 年)《抱猫的女孩》(*Girl with a Kitten*,1947 年)以及《女孩和树叶》(*Girl with Leaves*,1948 年),这些构成了他们恋爱与婚姻的记录。在这些画里,尤其是在《女孩和猫》(拿她的名字开了个小玩笑)。画面上,凯蒂看起来充满惊恐,奇怪地扼着小猫的喉咙,最引人注目的是她眼里的恐惧,这个形象最后被《女孩与白狗》(*Girl with a White Dog*)中的失望抑或顺从所取代。"观众很难判断,究竟是女人还是这只狗被画得更可爱些。"一位记者写道。(这是送给卢西安夫妇作为结婚礼物的一对斗牛梗中的一只。)只有一张随意画的草图《母亲和婴儿》(*Mother and Baby*,1949 年)中,凯蒂是笑着的。

但婚姻和父权并没有改变弗洛伊德的风流——实际上，也没有改变凯蒂。她在 1948 年生下了他们的第一个孩子安妮，仅仅一个月后弗洛伊德就去了爱尔兰的康尼马拉，他在那里的泽特兰酒店和安妮·邓恩风流快活了三周。这次旅行中留下了许多令人难忘的作品：一张船的素描，《船，康尼马拉》（*Boat, Connemara*，1948 年），在 2012 年 2 月的拍卖会上拍出了 55 万美元，还有两张安妮的画像，包括一张色粉《室内场景》（*Interior Scene*）。佳士得拍卖目录上把这件神秘的作品描述为："一个身型小巧的女人，朦胧的身影倚在昏暗的阴影里。正是他的情妇安妮·邓恩站在泽特兰酒店的一间卧室里，她那双明亮的蓝眼睛被局限在了窗帘的褶子里。"这张朦胧的画（让人想起了卢西安为他的第二任妻子卡罗琳·布莱克伍德所绘的《酒店卧室》*Hotel Bedroom*）中最突出的是那株有尖刺的植物，暗示着艰难的境况。（讽刺的是，在后来的几年里，凯蒂与豪威尔家族变得友好起来，这个家族拥有《船，康尼马拉》这幅画，她在拜访他们的时候有意无意地会坐在这幅画下面。）

据弗朗西斯·奥特莱德[1]所说："安妮·邓恩的画像是他作品中最伟大的杰作之一，因为它忠实于再现和细节，也忠实于主题。这是一幅非常有趣的绘画，因为她躲在窗

---

[1] 弗朗西斯·奥特莱德（Francis Outred），佳士得公司战后和当代艺术品拍卖负责人。

帘后面，就像是她本该如此。这个图像有双重含义，我认为他是有意为之的，对自己所做的事情做评价，既是关于绘画主题的，也是关于艺术家自己的，弗洛伊德想要把他自己放在那种情境里。"

对安妮·邓恩来说，弗洛伊德似乎"比我所见过的任何人都拥有更多的精力。他似乎总是精力充沛"。尽管一开始卢西安没有赶上去康尼马拉的火车，邓恩描述他们随后在爱尔兰发生的插曲，"相当家常。我想取悦他。我认为这非常简单。"但当一切结束后，邓恩却深感痛苦。"这就是被卢西安所'使用'的实际情形，我和他关系相当亲密，这确实意味着这幅画有另一层含义。给其他的画家充当模特儿时我觉得自己更像是静物，仿佛是一个苹果、一个瓶子或是其他什么东西。但最终瓶子或苹果不会被扔掉。我和卢西安的关系非常牢固，我很爱他，但最后我却感觉自己像是被逐出了伊甸园。"

到卢西安画《女孩与白狗》的时候，他们的婚姻显然是遇到麻烦了，虽然是在一年之后他们才完全分开。1952年，凯蒂要求与弗洛伊德离婚。就像安妮曾经说过卢西安所绘的凯蒂肖像那样："正如你在画中看到的一样，我母亲是个大美人，她极其自豪那张《女孩与白狗》是英国泰特美术馆最畅销的明信片。我觉得在他们短暂且并不总是那么幸福的婚姻里，坐着充当他的模特儿确实深远地影响了她，但我知道当她回首过去会因为自己的美貌如此著名而感到无比骄傲。"

正如葛雯所写:"爱的必要条件就是相互施予怜悯。女孩对痛苦的承受能力应当应用于双方;我们猜这对夫妇已经在这段关系中透支了。凯蒂眼里凝聚的那种冷酷和尖锐暴露了他们的关系,每一次在新的维度里,它都被精细地取代了。他们永远在警惕着不可避免的突发事件。"

然而,安妮说最终导致婚姻失败的并非不忠。"我父亲超级不忠诚。我母亲也颇为不忠。但是,尽管互为不忠是破坏他们婚姻的部分原因,但事实上根本原因是,我父亲对跻身社会最高阶层的渴望令母亲无法忍受,尤其是当她自己遭遇经济困境的时候。"

根据安妮的说法,卢西安曾"粗暴又直白地认为他应该与贵族和夫人们保持密切关系"。在两人再婚后,(1955年凯蒂幸福地嫁给了经济学家韦恩·戈德里,这位英俊异常的男人曾为她父亲在考文垂大教堂雕塑的《圣米迦勒大战魔鬼》(*Saint Michael Spearing the Devil*)做了模特儿。)卢西安后来还陷于一场颇为激烈的法庭纠纷,一场关于女儿们的官司,安妮和1952年出生的安娜贝尔处于一种"声势浩大的社会生活当中,她们住在巴黎的丽兹酒店,和戴安娜·库珀夫人过从甚密"。

更让凯蒂和韦恩深恶痛绝的是,弗洛伊德与莱姆顿子爵和子爵夫人之间的关系,安妮形容他们是"一对迷人的夫妇,极度富裕。关于他们有很多奇怪的神话和传说。他们被称为'不幸的莱姆顿夫妇',因为他们遭遇过各种可怕的灾难"。弗洛伊德画了"宾迪"莱姆顿,也和她发生过一段为时颇久的风流韵事。"我和宾迪·莱姆顿以及她的一个年长的女儿非常亲密。我母亲和继父却很不喜欢这种交往。"安妮说。

在他接下来的浪漫关系中,弗洛伊德有充分的机会与贵族——甚至皇室——紧密接触,虽然和凯蒂还没有离婚,但他已经开始和卡罗琳·布莱克伍德交往了。

5 漂亮的人

卢西安·弗洛伊德已经与上流社会产生交集了——毫不夸张地说——自从他第一眼看到卡罗琳·布莱克伍德就开始了。正如她多年以后回忆的,1949年在泰晤士河岸边的一顶帐篷里举办(尽管其他人说是发生在伦敦德里大厦里)的出场派对上,"我几乎不记得了,"她在1993年通过《城市和乡村》杂志(*Town and Country*)叙述道,"有人把卢西安·弗洛伊德带来,他脸朝下醉倒在玛格丽特公主面前,引起了一阵骚动。他让自己稳稳地站在她的沙发后面——醉了——翻倒过来,一下栽在她身上。公主被激怒了,她没什么幽默感。她母亲——皇后,现在是女王的母亲——却被逗乐了。"(后来,弗洛伊德在2001年为她的女儿伊丽莎白女王画像了。)

没过多久,卢西安又卷入了另一场戏剧性的事件,还是和玛格丽特公主有关。这一次是由罗瑟米尔夫人举办的舞会,罗瑟米尔夫人又被称为安·弗莱明,因为她是伊恩·弗莱明[1]的妻子。卢西安和弗朗西斯·培根在大盛会的时候迟到了，此时正遇上玛格丽特公主演唱科尔·波特[2]的歌——唱得不太好。让每个人都感到恐惧的是，当她唱到"让我们开始吧"时，竟然出现了一些嘘声。

这些嘘声出自于培根，他是弗洛伊德的密友，二人第一次见面是在 1945 年，通过画家格拉汉姆·萨瑟兰介绍的。这是一个至关重要的关系，在几十年后他们的关系破裂之前，培根本可以对弗洛伊德产生更大的影响。弗洛伊德对玛格丽特公主的事记忆犹新，他告诉马丁·盖伊福德，正是他把培根带到了华威大厦罗瑟米尔夫人的家。在遭到培根的打断之前，玛格丽特公主（"当时最神奇、最有魅力的人"）正在诺埃尔·科沃德的钢琴伴奏下歌唱。弗洛伊德被迫为他的朋友担了责。

弗洛伊德与安·弗莱明的友好交往始于 20 世纪 40 年代晚期，此时她和埃斯蒙德·罗瑟米尔[3]结了婚，后来在 1952 年她嫁给伊恩·弗莱明后，弗洛伊德和她仍是好友。弗洛伊德甚至在他们婚后不久后便和他们住在了一起，在牙买加的别墅"黄金眼"那里，此时弗莱明正在创作他的第一本邦德系列作品《皇家赌场》（*Casino Royale*）。弗洛

---

[1] 伊恩·弗莱明（Ian Fleming, 1908—1964），英国作家，记者兼海军情报官员，以詹姆斯·邦德系列间谍小说而闻名。
[2] 科尔·波特（Cole Porter, 1891—1964），美国作曲家和词作者，20 世纪 30 年代成为百老汇音乐舞台的主要歌曲作者之一。
[3] 埃斯蒙德·罗瑟米尔（Esmond Rothermere, 1898—1978），英国保守党政治家和新闻大亨。

伊德坐着一艘香蕉船到那里，并画了一幅满脸焦虑的自画像（1952年）。

安是著名的女东家，以收集政治文学和波西米亚式的纪念品而闻名，弗洛伊德已经成为她的门客之一。她也是沉鱼落雁、芳华正茂的卡罗琳·布莱克伍德的代孕母亲，她帮助卡罗琳在《图片邮报》（the *Picture Post*）谋得了一份工作。

从各种描述来看，弗洛伊德第一次真正与卡罗琳邂逅的情况并不清楚，不知是在那个晚上（正如卡罗琳告诉《纽约时报》的评论家迈克尔·金梅尔曼所说的）还是在安她家的另一个晚上，反正当时他立刻被吸引住了。卡罗琳说他立即要求为她画肖像。"我认为卢西安清楚地知道他想画谁——我的意思是，在整个房间里。"

"他很有魅力，聪明，与她遇到过的所有人都不同。"卡罗琳的女儿伊万娜·洛威尔谈到卢西安对她母亲的吸引力时写道。"他也拥有所有会让她母亲惊骇的品质，她知道这点。此时卢西安正处于婚姻当中。他一贫如洗。他是犹太人。从任何角度而言，他完全不合适她，也正因为如此，他再完美不过了。"正像布莱克伍德自己回忆的那样："卢西安棒极了，聪明，具有美感，尽管他没有成为电影明星。我记得他很有礼貌，留着长长的鬓边须，这是其他人没有的。他故意穿着滑稽的裤子。他想要脱颖而出，他也做到了。"

安·弗莱明鼓励他们在一起。卢西安拜访《图片邮报》,为的是追求卡罗琳。事情很快变得严肃起来。"卢西安开始大驾光临,到办公室拜访我,他看起来兴致勃勃。他比我大了将近十岁,也已经与他的第一任妻子凯蒂离了婚……卢西安很俊美,拥有拜伦式的浪漫激情,浓密的黑发,鹰一般的脸,他使我们所做的每件事都激动人心,即使只是买张报纸。"她回忆道。

到了1951年,他们已经陷得很深了,尽管弗洛伊德和凯蒂还没有离婚。9月,她还和凯蒂短暂地去过一趟都柏林。凯蒂写信给她母亲说他们不断搬家,从公寓到酒店,都柏林"和其他任何地方不同,它像人一样有感情,既悲伤又失落"。同年,弗洛伊德赢得了英国艺术委员会奖(500英镑),获奖作品是油画《帕丁顿的室内》(*Interior in Paddington*),这是一幅神秘的双重肖像画,为他的朋友和邻居哈利·戴蒙德以及一棵熟悉的棕榈树带来了同等的醒目程度。

卡罗琳成就了他一生中第二次伟大的爱情。她生于1931年7月16日,比卢西安小9岁。他们相遇时她18岁,他26岁。除了聪慧和美丽以及必不可少的苗条身材和大眼睛,卡罗琳·汉密尔顿·坦普尔·布莱克伍德还是健力士啤酒的继承人。她是达弗林勋爵和夫人的女儿。她父亲达弗林勋爵是巴兹尔·汉密尔顿-坦普尔·布莱克伍德,第四任达弗林和埃瓦侯爵,她母亲莫琳是一个名不副实的"尊贵的健力士家的女儿",在她和布莱克伍德结婚后,便成为了达弗林和埃瓦侯爵夫人。她的祖父一度是印度总督,有传闻说他是迪斯累利[1]的私生子,这一点卡罗琳倒很喜欢。她13岁时父亲就去世了,母亲把卡罗琳和她的姐妹们交给保姆抚养。

卡罗琳在克兰德博伊长大,这是古老的布莱克伍德家族在北爱尔兰班戈的家庭庄园,里面以制成标本的犀牛头和各种埃及古董为装饰,包括一只木乃伊的手和用来把木乃伊放到坟墓里的绳子。这个地方甚至还有一个"荒唐"的塔楼,为的是向卡罗琳的曾祖母海伦致敬。此塔建于1861年,上面刻着包括丁尼生[2]在内的著名诗人写给她的诗句。(在关于布莱克伍德的传记《危险的缪斯》(*Dangerous Muse*)中,南希·舍恩伯格使她的家庭背景听起来像是埃德加·爱伦·坡[3]。)

不仅仅是布莱克伍德-健力士家族的财富像磁石一般吸引着弗洛伊德,还包括他们那令人难以置信的社会声望。她的父亲巴兹尔一直是伊夫林·沃[4]的好友,也是"故园

---

[1] 本杰明·迪斯累利(Benjamin Disraeli, 1804—1881),英国保守党领袖、三届内阁财政大臣,两度出任英国首相。
[2] 丁尼生(Alfred Tennyson, 1809—1892),其131首的组诗《悼念》被视为英国文学史上最优秀哀歌之一,因而获桂冠诗人称号。其他重要诗作有《尤利西斯》《过沙洲》和《悼念集》等。
[3] 埃德加·爱伦·坡(Edgar Allan Poe, 1809—1849),19世纪美国诗人、小说家和文学评论家。爱伦·坡被尊崇为美国浪漫主义运动最重要的一员,以悬疑、惊悚小说最负盛名,被公认为推理小说开创者和象征主义的先驱。
[4] 伊夫林·沃(Evelyn Waugh, 1903—1966),英国小说家,传说作者,代表作有《故园风雨后》。

风雨后"小组的一员。正如他的女儿安妮所指出的,卢西安·弗洛伊德在当时的社会是拼命往上爬的人,这对于一个野心勃勃的艺术家并且还是个在伦敦流亡的德国犹太人而言,并不是件容易的事。尽管弗洛伊德告诉盖依福特,他"并不常常经受"反犹主义,但他在追求——以及最后娶了——卡罗琳的过程中,时常碰壁。

例如沃对弗洛伊德抱有强烈的厌恶,他在好多次写给南希·米特福德[1]的信中都对他大加抱怨:"是的,我不喜欢弗洛伊德。我在他进入社会圈之前就认识他了,当时我就不待见他……他把玛格丽特公主带到藏红花短袜夜总会。"在卢西安和卡罗琳结婚之后,他又写信给米特福德:"你知不知道可怜的莫琳女儿和一个可怕的犹太人私奔了?"

弗洛伊德曾经被他当面羞辱过。卡罗琳回忆道:"某天晚上,我带他去参加我母亲在斯隆大街装饰华丽的小屋中举办的一个鸡尾酒会,我可以告诉你,她很不高兴。伦道夫·邱吉尔在那里,他大声说,'莫琳你该死的在做什么,你把房子变成了一个该死的犹太会堂。'我假装没听见,卢西安也假装没听见。后来,卢西安在某个地方遇见了伦道夫,猛击他的后背,把他打倒在地,这真是大快人心。"(卢西安从来没有放弃过他爱暴揍对手的童年习惯;根据布

---

[1] 南希·米特福德(Nancy Mitford, 1904—1973),英国小说家、传记作家和记者,战争年代伦敦社交圈里著名的米特福德姐妹之一。

莱克伍德的说法,"卢西安从某种意义上来看具有可怕的攻击性——他有撞倒酒吧里的任何人的倾向。")

卢西安的才华、外貌和血统并没有打动莫琳。据卡罗琳的妹妹帕蒂达说:"她不喜欢他是因为他外表看起来放荡不羁……衬衫总敞开着,而且不系领带……因此母亲也常常生他的气。"他一度被安·弗莱明的儿子雷蒙德·奥尼尔邀请,随同达弗林勋爵和夫人一起去打野鸡。安在提及弗洛伊德在爱尔兰北部的"古怪假日"里写道:"他在追求卡罗琳小姐,这是上流社会的灾难……当然,我因为鼓励了这个穿着怪异的苏格兰格子裤的古怪艺术家去追求女侯爵纯洁的女儿们而受到指责。"据弗莱明说,让客人们感到震惊的是,卢西安找回野鸡的速度惊人,后来伦道夫进一步丑化这两人,因为他与卡罗琳在"壁炉边昏暗"的灯光下发生了性关系。

不久,卡罗琳搬进了弗洛伊德在帕丁顿的画室。1952 年,这对夫妇私奔到巴黎。(之后,他们在伦敦的切尔西婚姻登记处举行的民事婚礼上结为合法夫妻,时间是 1953 年 12 月 9 号。)在巴黎,他们在路易斯安那酒店安顿下来,在那里住了将近一年。也正是在那儿,他为她画了几幅肖像,它们跻身他最著名的作品之列,尤其是《床上的女孩》(*Girl in Bed*,1952 年)和《酒店卧室》(*Hotel Bedroom*,1954 年)。

然而，卡罗琳异常的美貌——奈德·罗伦[1]在伦敦遇到过她，说她是他迄今遇到过的最美丽的女人之一——还启发了弗洛伊德，但显然并没有满足他的好奇心或欲望。"我们会坐在一些户外的咖啡馆里，即使我们还在度蜜月，每一次哪怕是有漂亮女孩远远地经过，他的头总会转向她们，眼里充满了好色。"卡罗琳后来告诉她的女儿伊万娜。他们的一个朋友在巴黎和他们共度"蜜月"的时候说，不仅是他的眼睛在游荡，实际上弗洛伊德还消失了好几天。

他们在巴黎的生活变得困难起来，原因是卡罗琳的母亲莫琳对女儿与弗洛伊德的关系和丑闻极为愤怒，他们的正式结婚和对外公布都令她大为不快（直到一年以后，他们才在伦敦结婚并对外公布）。莫琳削减了提供给女儿的费用，至少暂时如此。（莫琳后来否认了这一说法。）芭芭拉·斯凯尔顿[2]说，莫琳在1952年圣诞节期间嫁给了西里尔·康诺利，但她仍然对卢西安抱有强烈的敌意，并在她举办的某个聚会上将他拒之门外。她特别强调，在他们婚姻期间绝对不会再见卢西安。但很快他和卡罗琳就离婚了，莫琳在一家夜总会里冲到弗洛伊德面前，用她的钱包打他的脸。

正如卡罗琳回忆的那样："我们住在巴黎，几乎身无分

---

[1] 奈德·罗伦（Ned Rorem, 1923—　），美国作曲家、日记作家，1976年获得普利策奖。
[2] 芭芭拉·斯凯尔顿（Barbara Skelton, 1916—1996），英国小说家、回忆录作者和社交名媛。

文,但在那些日子里,一无所有也几乎可以生活得很好。我们住在塞纳河左岸的一家旅馆里。卢西安全神贯注地扑在他的画作上,而我则全神贯注地做他的模特儿。"

尽管如此,这对夫妇还是充分利用了他们的时间,和其他人一样,他们和玛丽-洛尔·德诺阿依斯和毕加索交往,毕加索还为卡罗琳画了指甲,多年以后卡罗琳和卢西安提起来仍然充满骄傲。卡罗琳告诉参观艺术家画室的金梅尔曼:"毕加索问我想不想看他的鸽子:他的螺旋楼梯通向屋顶,我们绕啊绕,走到了屋顶,最后看到了那些关在笼子里的鸽子,环绕我们的是巴黎最美的风景,最美的。站在这个狭小的空间,这座城市的顶端,毕加索突然把我整个儿抱住。我只感到害怕。我一直说:'咱们下楼吧……'他说:'不,不,我们待一块儿,在巴黎的屋顶上。'这实在太荒唐了,对于我来说,毕加索就像山峦一样古老,一个老色鬼,天才,或者什么都不是。"

在"这可怕的经历"中,毕加索还抽时间在卡罗琳的手指甲上画了一个极小的图案。(如她女儿所说:"有一段时间,她在指甲上拥有了专属于毕加索的作品。")卢西安在为马丁·盖依福特画肖像时,向他回忆了这件轶事,经过一年多的冒险,盖依福特令人印象深刻地进入了《戴蓝围巾的男子》(*Man with a Blue Scarf*)当中。"毕加索表现得像一个神奇的魔术师。当你离开他的公寓时,你会本能地抬头遥望那些高高在上的窗户。他意识到了我们的反应，因为有一天我们又抬头回望了一眼，他就在窗口故作成鸟的形状……当我把卡罗琳带到那儿，他在她的手指甲上画了画——她的手指甲总是很小，她总咬她的手指甲——他画了小小的脸和太阳的形状。她尽可能久地保留着它们，最终都消失了。她在公寓独自一人和他待了大约半小时。后来我问她发生了什么事，她说：'我永远都不能告诉你。'所以我再也没有问过。"卢西安继续观察，"他用心险恶，绝对充满恶意，但我并没有完全放在心上。有一次我问他，你喜欢这个人（我们的一个共同朋友）什么地方？他回答说：'我可以弄哭她，只要我愿意。'"

卢西安后来弄到了毕加索的一位情人电话，并想为她画肖像；但卢西安说他后来订婚了，就画了妻子的一幅可爱画像《床上的女孩》（*Girl in Bed*，1952 年），这是以卡罗琳为对象所绘巴黎绘画，是四幅一组中的第一幅，完成于他们结婚前几月。在这幅画上，一个美丽的金发女郎（有趣的是，正如凯蒂在她的肖像中，画的标题中也称她为"女孩"）躺在褶皱的白色床上，胳膊肘抵着头。就像弗洛伊德早先为凯蒂画的在婚姻中的肖像一样，卡罗琳也是沉思的样子。但不同于弗洛伊德把和凯蒂婚姻期间所画的，周围被涂得五彩缤纷，而象牙色的皮肤却如死灰，卡罗琳的脸上散发着温暖的金色光芒。

尽管如此，事实证明她并没有在弗洛伊德的凝视中感到愉悦的享受,反而是有点无聊。卡罗琳告诉她女儿,虽然在画面上她看起来一副沉思的样子,但实际上一连摆几个小时的姿势,她觉得自己已经迟钝麻木了,她需要大声地给卢西安读陀思妥耶夫斯基(在画《床上的女孩》时读的是《白痴》(*The Idiot*))以及亨利·詹姆斯[在画《读书的女孩》时读的是《悲剧缪斯》(*The Tragic Muse*)]来放松。"评论家说他描绘了我们这个时代的痛苦——但他真正描绘的是为他坐着当模特儿的人的痛苦。"她后来说。无论痛苦与否,罗伯特·休斯称这些画是"弗洛伊德二十年以来的杰作"。它们散发出的温柔触手可及,人们通常很少将其与弗洛伊德的作品联系起来。

(多年以后,《床上的女孩》在卡罗琳的第三次婚姻中扮演了一个悲剧性角色。1977年,诗人罗伯特·洛威尔在回家的路上心脏病发作,死于纽约的一辆出租车上,五年前他与卡罗琳结婚,当时的卡罗琳本人已经是一名记者和小说家了,死时他才离开身在爱尔兰的卡罗琳不久。他被发现死亡时,手里还紧攥住那幅画;这是后来伊丽莎白·哈德威克——他在娶卡罗琳之前的妻子——告诉卡罗琳的,医院不得不扳开他的手臂取出它。)

卢西安流动不居的眼神和赌博成瘾结合在一起造成了极大的破坏力,根据伊万娜·洛威尔的说法,这对夫妇在路易斯安娜的酒店逗留期间经常吵架。有一次"卢西安把我母亲赶出了酒店房间,把她晾在阳台上,还锁上了门。

她几乎是完全赤裸着,但他拒绝让她进去"。伊万娜在她的回忆录中写道。

这对夫妇设法在酒店一起度过了一年左右的时间。在巴黎逗留期间,弗洛伊德还画了《读书的女孩》(*Girl Reading*,1952年),为了支付酒店账单,卡罗琳说服西里尔·康诺利买下了它,还有那件光彩夺人的《戴海星项链的女孩》(*Girl with Starfish Necklace*,1952年),画中的卡罗琳21岁,看起来像是刚刚度过了青春期。(有一点很有趣,虽然卢西安在巴黎画了四幅以卡罗琳为主角的作品,但她都躺在床上,没有一幅是赤身裸体。)

此时,弗洛伊德已经开始远离他此前着重的平面化风格;现在他的肖像画更加立体,脸部和四肢被处理得色彩斑驳,更加逼真;画面上越来越不像素描——或插图——而更像真正的油画了。弗洛伊德表现凯蒂和卡罗琳之间的对比是显而易见的;将它们并置的话,你会惊讶于它们竟然出自于同一位画家之手。"在你意识到素描不是油画时,那些作画的方法令我恼怒,所以我许多年都不再画素描了。"弗洛伊德后来说道。

当卡罗琳和卢西安返回伦敦时,他们住到了迪恩街的苏荷区,卡罗琳说这里"极其像妓女住的房子",他们很快就成为了波希米亚景致的一部分,这景致还包括了其他的常住客，弗朗西斯·培根、弗兰克·奥尔巴赫[1]、约翰·迪金[2]、约翰·明顿[3]和西里尔·康诺利。（此时，康诺利坠入了爱河，他不仅迷恋卡罗琳的画像且还迷恋她本人；有一次弗洛伊德还不得不打他才把他赶走。）

他们还买了"多塞特的一座石制房，一个真正意义上的哈代式乡村。卢西安马上弄到了一匹马……在多塞特郡，他骑在马鞍上像个牛仔一样。"卡罗琳说。根据拜访他们的迈克尔·维夏特所说，这里曾经是个修道院，"一栋漂亮的老房子，与浩瀚的黑海相邻。卢西安养了不少马，还买了许多大理石家具，在他们客厅的墙上画了花卉壁画"。维夏特也是苏荷区常年的早餐客，"天一亮，卢西安就到他在帕丁顿的画室"，陪卡罗琳待在迪恩街上的"乔治之屋"。

苏荷区的社交生活是典型的波希米亚方式，它围绕着三个最受欢迎的地方："马车夫之家"，一个经典的牡蛎酒吧和渔家屋；"滴水兽"，专门为了度过疯狂、通宵的时光；神秘的"殖民地屋"，异常便利，因为它就坐落在迪恩街，由传奇人物穆里尔·贝尔彻在1948年创建，破旧的二楼房间因其冷酷无情的老板娘以及她显赫的客人而闻名。"它一点也不像其他的俱乐部，倒更像是一个鸡尾酒会。"常客保

---

[1] 弗兰克·奥尔巴赫（Frank Auerbach, 1931— ），表现主义画家，英国在世的最伟大的画家之一。
[2] 约翰·迪金（John Deakin, 1912—1972），英国摄影师，弗朗西斯·培根"苏荷"圈子中的一员。
[3] 约翰·明顿（John Minton, 1917—1957），艺术家、插画家。

罗·波茨评价道。或正如培根告诉丹尼尔·法尔森[1]他在几本书（包括《神圣的怪物们》，*Sacred Monsters*）中所记录的，"在这个地方，你可以丢掉任何禁忌和压抑。它与其他地方截然不同。毕竟，那正是我们想要的不是吗？到了这个地方，你会觉得自由和放松。"

弗朗西斯·培根、卢西安·弗洛伊德、弗兰克·奥尔巴赫、迈克尔·安德鲁斯[2]和蒂姆·贝伦斯[3]经常会在那儿聚会，他们很快就被称为"穆里尔的男孩们"或者"殖民地屋的暴徒"。他们最后还组织在了一起，被贴上了"伦敦画派"的艺术史标签，这个画派还包括画家 R. B. 基塔伊[4]；这也正是基塔伊想出来的名字，指的是英国的具象风格，与抽象表现主义形成对比，而抽象表现主义正是当时美国艺术界的主导，德·库宁[5]和罗斯科[6]的作品正是其缩影。

这个地方后来被一幅群像画圣化了，即迈克尔·安德鲁斯所绘的《殖民地屋》(*Colony Room*)，画中弗洛伊德或

---

[1] 丹尼尔·法尔森（Daniel Farson, 1927—1997），英国高产的传记作家和广播员，作品大多记录苏荷区的波希米亚式生活以及他在伦敦东部的"狗岛"上经营音乐厅的经历。
[2] 迈克尔·安德鲁斯（Michael Andrews, 1928—1995），英国画家。
[3] 蒂姆·贝伦斯（Tim Behrens, 1937—2017），英国画家、作家，大部分职业生涯都在希腊、意大利和西班牙度过。
[4] R. B. 基塔伊（R. B. Kitaj, 1932—2007），美国犹太艺术家，大部分时间在英国度过，作品倾向波普艺术风格。
[5] 德·库宁（Willem De Kooning, 1904—1997），生于荷兰的鹿特丹，1926年移居美国，抽象表现主义大师。
[6] 罗斯科（Mark Rothko, 1903—1970），生于俄国，10岁时移居美国。尝试过表现主义、超现实主义等风格，于40年代末形成了抽象的色域绘画风格。

多或少算是中心人物,虽然培根(他的背被画了出来)可能才是光顾最频繁的常客。两名艺术家会在角落里藏身,聊着天。"弗洛伊德先生保守、爱讽刺人、简朴(而且是引人注目的异性恋者)……培根则更豪放,尤其是喝过几杯之后。"乔弗里·惠特罗夫特[1]在一次对贝尔彻这位"苏荷区最伟大的老板娘"的致敬中回忆道。

根据法尔森所说,卢西安去"殖民地屋"主要是为了看弗朗西斯·培根,他会在傍晚离开,这样他就能整晚待在画室里了。"我记得卢西安会悄悄地走进这个破烂的房间,当他看到穆里尔时,目光一瞥就认出了他,紧接着他的眼睛又扫过在场的那些人,鬼鬼祟祟地斜着眼睛打量他们,看看有没有什么值得交谈的对象。当大家令他满意时,就不大会有尖刻的交谈了。当他驳倒那些被普遍接受的观点时,他会颠覆你的想象,他的智慧被轻微的却又挥之不去的德国口音强化了,这种口音会对每一个词都加强语气。"后来,弗洛伊德和培根一起与本·尼科尔森[2]代表英国参加了1954年的威尼斯双联展。(卢西安的作品是《酒店卧室》。)

随着时间的推移,弗洛伊德画了一些"殖民地屋"固定常客们的肖像:一幅关于艺术家约翰·明顿预言性的带

---

[1] 乔弗里·惠特罗夫特(Geoffrey Wheatcroft, 1945—),英国记者、作家。
[2] 本·尼科尔森(Ben Nicholson, 1894—1982),英国抽象派画家,擅长风景和静物。

有世界末日色彩的画（1952年），他在五年后自杀身亡，还有讽刺摄影家约翰·迪金，迈克尔·安德鲁斯，蒂莫西·贝伦斯（《坐在椅子上的红发男子》，*Red-Haired Man on a Chair*，1962—63年）和弗兰克·奥尔巴赫的肖像。

卡罗琳称这个自我延续的社交圈子是"苏荷生活的完整记录。出了'马车夫之家'就是'殖民地屋'（它关得早，晚上11点就关门了），最后是滴水兽，那群人会去那儿。"

"滴水兽"里头装着带有破旧镜子的浴室（最早是由马蒂斯设计的，后来又翻修过），那是他们的最后一站。正如安德鲁·辛克莱[1]在他1993年所写的培根传记中所提及的："'滴水兽'里聚集着战后波希米亚的残余，在那儿，贵族和艺术家们，特权阶级和被赞助们，可以相识且放下阶级之间的樊篱，尤其当他们的同性恋癖好迫使他们进入一个私密的安全之所，不再被看作是罪行时，更是如此。"辛克莱写道，一天晚上，培根和弗洛伊德和《旁观者》（*The Spectator*）的编辑陷入了混战，他粗鲁的男同性恋伴侣们和艺术家们扭打成一团；弗洛伊德跳到一个人背上，培根同时打了另一个人。艺术家们当时很可能面临一场诉讼，但没人起诉。还有一次，让-保罗·萨特和西蒙娜·德·波伏娃也在那里，他们二人都评论了卢西安引人

---

1 安德鲁·辛克莱（Andrew Sinclair, 1935— ），英国小说家、剧作家和导演。

注目的外表，萨特问"这个帅哥"是谁，波伏娃则称他是唯一一个"有足够吸引力，可以跟其回家的男人"。

很多时候所有的性诱惑都充满了明亮和美好的一面，通常还伴随着醉酒。（显然卢西安喝得并不太多，不像卡罗琳那样成了酒鬼。）正如卡罗琳描述"滴水兽"："你可以在任何一个夜晚漫步其中，然后找到全英国最聪明的人。"其中包括格雷厄姆·格林[1]、西里尔·康诺利、彼得·沃森、迪伦·托马斯[2]、约翰·迪金、乔治·韦登菲尔德[3]、斯蒂芬·斯宾德、戴安娜·库珀夫人[4]，更别提卢西安的旧爱洛娜·维夏特和她的儿子迈克尔以及迈克尔的妻子安妮·邓恩，她是通过培根认识他的。其中最耀眼美丽的，正是卡罗琳和卢西安。

---

[1] 格雷厄姆·格林（Graham Greene, 1904—1991），英国小说家, 20世纪最具宗教意识的作家，关注灵魂的挣扎和救赎，是英国20世纪读者最多的小说家之一，被视为20世纪伟大作家之一。
[2] 迪伦·托马斯（Dylan Thomas, 1914—1953），广受欢迎的威尔士诗人、作家。
[3] 乔治·韦登菲尔德（George Weidenfeld, 1919—2016），英国出版人、慈善家和报纸专栏作家，也是一名终身的犹太复国主义者。
[4] 戴安娜·库珀夫人（Lady Diana Cooper, 1892—1986），伦敦和巴黎著名的社交红人。

6　随它去

弗洛伊德和弗朗西斯·培根的关系在许多方面和他的那些婚姻一样重要（甚至更持久），它在 20 世纪 50 年代早期发展得尤其蓬勃。弗洛伊德称培根是他见过的最野性也最有智慧的一个，几十年来，他们都是最好的朋友。培根的传记作者之一，迈克尔·佩皮亚特写到他们相互间强烈的吸引：

> 和培根一样，弗洛伊德对别人和人间的喜剧有着无尽的好奇心；他们毫不犹豫地放弃了关于诗歌的讨论——对于诗歌，两人都是敏锐的读者——并且用朋友和熟人间的小道消息来取悦对方；作为好赌成癖的赌徒，他们还会比较一下彼此在经常光顾的赌桌上的表现。两个画家也有过混乱的私生活，在很长一段时间里他们几乎每天都见面，他们被彼此最近的越轨行为或者情感危机强烈吸引着。

培根的影响最终会推动弗洛伊德的绘画进入一个崭新

的维度，从平面和线性到完全立体。1945年，弗洛伊德第一次见到了培根。他去问他的另一个朋友，画家格雷厄姆·萨瑟兰[1]——弗洛伊德认为萨瑟兰是英国最好的画家，萨瑟兰立即回复说："噢，你从来没听说过这个人，他像是介于维亚尔[2]和毕加索之间。"萨瑟兰邀请弗洛伊德和培根在肯特郡共度周末；他们旅行时又在维多利亚车站碰到了。"当我遇到他的时候，我看到了他身上许多东西。"弗洛伊德告诉费弗。

这个说法有点保守。正如卡罗琳·布莱克伍德所说的："至少在我和卢西安的整段婚姻中，我几乎每晚都和他（培根）共进晚餐。我们还一起吃午饭（极可能是在'马车夫之家'，培根最喜欢的饭店）。安妮·邓恩和她的丈夫迈克尔·维夏特与卢西安、卡罗琳夫妇以及培根在苏荷区四处出没，共度了许多时光。"卢西安对培根有某种英雄崇拜式的迷恋，虽然我认为他并不完美。"

弗洛伊德不仅被培根的才华所吸引，也被他的锐利锋芒所吸引；冒险和蔑视一切旧习成了他们的共享物。另一个纽带是他们都具有的那种容易成瘾的性格。培根上瘾的是酒精（尤其是香槟）、他的（通常是非常粗鲁的）男性情人以及赌博，而卢西安则嗜好玩弄女人、赌博和画画。（培

---

[1] 格雷厄姆·萨瑟兰（Graham Sutherland，1903—1980年），英国画家，以其在玻璃、织物上作画以及版画、肖像画和充满宗教性的抽象风景画而闻名。
[2] 爱德华·维亚尔（Edouard Vuillard，1868—1940），法国纳比派代表画家，作品装饰性风格明显。

根把他的开怀狂饮与弗洛伊德的沉湎女色相提并论,他说:"上床,更确切地说,三点睡觉七点起床,然后一直为模特作画。")

讽刺的是,弗洛伊德声称自己从热爱炫耀的培根那里学到了一定程度的礼貌。他后来告诉艺术评论家塞巴斯蒂安·斯密,从一开始他就认为他的朋友"真的令人钦佩。举个简单的例子,我一度和人发生过许多打斗。这并不是因为我喜欢打斗,只是他们对我说了些话,我觉得打回去就是唯一的回应。如果弗朗西斯在那儿,他会说:'难道你不认为你应该努力去吸引他们吗?'我想,'好吧'……在那之前我从来没有思考过我的行为,我只思考过我想做什么,然后就去做。我就是经常想揍人……"

和弗洛伊德一样,培根每天都待在他的画室里(即使在疯狂了一晚之后),尽管他没有干过卢西安那些臭名昭著的夜间活动,但他的做法恰恰相反。在20世纪50年代,他偶尔会让模特儿静坐着给自己画,但培根是直接从照片和参考材料中取材,而不是使用活生生的模特儿,他的技法与其说是过分专注,倒不如说是直截了当又生猛无比。弗洛伊德的艺术来源于作为一名绘图员时学到的技能,不过素描却从未在培根的作品中扮演着重要角色。

"他最好的画作都是基于灵感完成的,几乎没有素描的成分。"弗洛伊德后来这样谈论他的前任朋友。正如辛克莱总结的那样,弗洛伊德通过一丝不苟的细节构建起他的图像，而培根的笔触飞奔疾走，以此来掌控画面，他把令人称奇的结果称之为创造性的"偶然之作"。（如果当时弗洛伊德的绘画是二维的，那么培根找到了画四维的方法。）

弗洛伊德几乎每天下午都要去培根的画室。他描述道："他有一个很棒的画室，这原本是约翰·艾弗雷特·米莱[1]的。"这原是培根的某个情人支付的，一个"位高权重的商人……这个男人已经结婚了，并且有孩子"。弗洛伊德对于培根绘画的速度感到震惊。"有时候我下午过去，他会说：'我今天干了真正有意义的事。'然后他在当天就会画完。简直让人惊呆了。"

弗洛伊德和培根画了彼此的肖像；他们的方法和结果形成了对比。事实上，培根所画的弗洛伊德肖像完成于1951年，这是他第一张被命名的肖像画。"卢西安告诉我，在弗朗西斯请求为他画像之后，他就坐在他的画室里当模特儿，结果发现弗朗西斯已经画完了。当然，这与卢西安作画的方式截然相反。"卡罗琳回忆道。实际上，卢西安从未坐下：培根使用了一张弗朗茨·卡夫卡的照片作为参考。"虽然没有那么好，但却很生动。"弗洛伊德后来评论道。

弗洛伊德画的培根肖像则要花费更久的时间。在1952年，大约有两到三个月的时间，弗洛伊德和培根"促膝而

---

[1] 约翰·埃弗雷特·米莱（John Everett Millais, 1829—1896），19世纪英国拉斐尔前派画家，代表作有《奥菲莉亚》《基督在自己父母家中》《盲女》《玛丽安娜》等。

坐"。正如弗洛伊德对费弗所说的,"他嘟嘟囔囔的,但还是会坐好,就一直保持这样。"这幅精致小巧的培根肖像铜版油画,准确地捕捉到了他不设防的一面,目光看向下方。"弗洛伊德30岁时的成就征服了所有人,除了他自己。"葛雯写道。"培根的肖像背挂在泰特美术馆,完全不引人注目,但当它吸引你的时候就好像一条蛇咬住你,仿佛被这幅图画施加了魔咒,等同于事物本身。"这幅画最初想要挂在"马车夫之家",后来被泰特美术馆买走,又在1988年租借给柏林期间失窃,之后就再也没能找到了。培根说它被盗是因为它太好了:"窃贼们清楚地知道他们在做什么。"

后来的许多年,培根又继续画了几十幅弗洛伊德的肖像,其中有一幅弗洛伊德和他们共同的朋友弗兰克·奥尔巴赫的双人像,他懒洋洋地躺在沙发上,没有穿长裤(1964年);一幅弗洛伊德和培根的情人乔治·戴尔的肖像(1967年);还有一幅三联画,《卢西安·弗洛伊德肖像习作三联画》(*Three Studies for a Portrait of Lucian Freud*,1964年),这件作品在2011年1月苏富比的拍卖中拍出了超过3500万英镑。2013年11月的历史纪录产生了,《卢西安·弗洛伊德习作三联画》(*Three Studies of Lucian Freud*,1969年)在佳士得拍出了142405000美元——这是艺术品拍卖历史中的最高价。这是培根的建议——"我想你应该使用这些"——弗洛伊德1952年在克利夫顿山,为他的朋友画了一张淘气的素描,他未解开的裤子从屁股下滑落。

培根比弗洛伊德年长13岁,他们相遇时,培根已经开始采用后来令他出名的风格画画了,这种风格始于1944年《十字架底座上的人习作三联画》(*Three Studies for Figures at the Base of a Crucifixion*)。培根大胆解构了人的脸和形体,如同立体主义一样明显。他的视角却是完全原创的:肖像就像捉弄人的鬼怪。在肖像转化为常规电影特效之前的很久一段时间里,培根是痛苦的,他不断扭曲、变形,仿佛他们是太妃糖。他的"尖叫的教皇"[1]系列像蒙克的《尖叫》(*The Scream*)[2]一样,表达了几乎相同的存在恐惧。事实上,压抑的尖叫正是培根最喜欢的隐喻。

培根通过挪用电影和媒体的图像,过滤了他发自肺腑的、戈雅[3]式的幻象,这比安迪·沃霍尔[4]用非常不一样的方式来获得这样的原始材料要早上许多年。X射线是对他那些幽灵般的形象产生影响的另一个主要因素。他独特的、被熔化的、漩涡般的形象不大可能是来自于弗洛伊德的写实主义研究。他极为珍视这样偶然产生的特殊效果,"灵活

---

[1]《尖叫的教皇》,是培根曾反复创作的题材。他的灵感来源是17世纪西班牙著名画家委拉斯凯兹的《教皇英诺森十世》肖像。在培根的画中,教皇的形象来了个180度大转弯,即一个曾高居权力顶峰的人变成了在牢笼里挣扎的人,画风阴森灰暗。
[2]《尖叫》,又称为《呐喊》,是挪威画家爱德华·蒙克(Edvard Munch)于1893年创作的绘画作品,为表现主义的代表作品。
[3] 戈雅(Goya,1746—1828),西班牙浪漫主义画派画家。画风奇异多变,从早期的巴洛克式画风到后期类似表现主义的作品,对后世的现实主义画派、浪漫主义画派和印象派都有巨大的影响。
[4] 安迪·沃霍尔(Andy Warhol,1928—1987),美国波普艺术家,20世纪最有影响力的艺术家之一,代表作有《玛丽莲·梦露》《金宝汤罐头》《可乐瓶》等。

的绘画之手，流淌的颜料，碰撞的形状"，佩皮亚特写道。培根画画是根据他激情的想象；弗洛伊德则是根据生活。

这两个人对对方都产生了智力上和艺术上重大的影响。但正是培根引发了弗洛伊德美学的顿悟。正如弗洛伊德所说："我意识到他的作品与他对生活的感悟紧密关联。而另一方面，我的作品似乎显得非常不自然……我钦佩他的态度。对自己的作品毫不留情。"就像他告诉费弗的，"我意识到我画画的方式并不能让我真正进步。变化的也许只是关注的焦点，但确实让我有可能以另一种方式来接近整个事情。"

弗洛伊德和培根的艺术被绑在一起，赌瘾也是：一起挑战规则。培根是一个臭名昭著的赌徒：他吹嘘自己在蒙特卡洛的赌场待了 16 个小时。他告诉大卫·西尔维斯特[1]："我知道我想赢，在绘画中，我也感受到了完全相同的东西。我总是输，但我还是想赢。"（作为蒙特卡洛轮盘赌桌的常客，他常常赢钱，他曾经用战利品租了一间别墅，并和朋友聚会超过一周。"没什么比输得一干二净更神奇更使人振作了，"他告诉偶尔陪他赌博的同伴迈克尔·维夏特，"输比赢更好。"

弗洛伊德对这个话题的评论也差不多。他声称刚开始赌博时，他还只是一个在游乐场戏耍的孩子，真正成为赌

---

[1] 大卫·西尔维斯特（David Sylvester，1924—2001），英国艺术评论家和策展人，他在促进弗朗西斯·培根和卢西恩·弗洛伊德的艺术方面颇有影响。

徒则是从 1944 年开始，他在一次接受塞巴斯蒂安·斯密的采访时这样说。"我过去常去一些举行赌博活动的酒窖和一些极其粗鲁的人在一起……当我输掉了一切——这经常发生，因为我太没耐心了……我总是想：'万岁，我又可以回去工作了。'有时候你一输再输就要离开的时候你又会赢回来，这样你输得更多。我常常在地下室一待就是六或者七八个钟头——我讨厌这样。不过总体而言我输了就会很快离开。偶尔会赢得很快，我就立马跑路。"就像他告诉费弗的，"没什么可兴奋的：我径直飞奔回家……被债务刺激得不轻。"

弗洛伊德玩轮盘赌，也在赛马场上赌狗赌马。他是培根在公寓里举办的"赌博之夜"的常客，他还和培根一道去伦敦和蒙特卡洛赌博，培根在蒙特卡洛住了四年。弗洛伊德和格雷厄姆·萨瑟兰一起旅行去那儿看望培根，这次旅行中，卢西安"充满象征意味地从酒店窗口放走了关在笼子里的鸟儿，让它们飞去南方"。

弗洛伊德赌博的冲动——就像他玩弄女人一样——从没被真正释放过。在 20 世纪 60 年代，弗洛伊德欠了克雷家的双胞胎兄弟——雷吉和罗尼，臭名昭著的伦敦匪徒和敲诈勒索者 50 万美元。弗洛伊德对马丁·盖伊福德说："我喜欢罗尼，不喜欢雷吉。我想他只是个暴徒而已。但罗尼却会逗趣，尽管人人所知，他曾是个虐待狂式的杀人犯。"20 世纪 80 年代，他被列入各种赛事的黑名单，因为欠了19000镑的债务未还。尽管如此,他很快和一个赌马者维克多·钱德勒成为了朋友并为他画了像。(1992年,威廉·阿奎维拉成为他的经销商,最初的任务就是为了解决弗洛伊德欠下的270万的英镑赌债。)

就像培根(和大多数赌徒)一样,弗洛伊德总是把自己搞得身无分文。他绝不会"在某个地方雪藏钱——我总是倾囊而出,"他告诉斯密,"那种认为它不过是一项运动的想法对我而言简直是不可理喻。我喜欢拿一切去冒险。一无所有,然后从赌博场所出来——绝对活力四射!我热爱冒险!"

弗洛伊德从培根身上学到了把这种绝对冒险的感觉用到创作当中。在那之前他一直如此生活,但从没这样画过。他告诉盖伊福德:"弗朗西斯曾说过他最迷恋的就是'危机四伏的氛围'。"他赞美培根帮助他"更大胆地感受"。他再也不会回到早期小心翼翼的拘谨风格了。

培根在他接触的每件事情上的那种顺其自然对弗洛伊德而言都是一种启示。"他的作品令我印象深刻,但他的个性令我印象更深……他谈了许多关于色彩本身能够支撑形体,让生命渗透到颜料当中。他谈到要把许多东西融合起来放入笔触里,这让我既开心又兴奋,我意识到我以前做过的东西和这之间相差了十万八千里。关于颜料的这种具有无比力量的想法便我觉得我应该以一种不同的方式来了解它,这种方式不是屈从。我的意思是,我以前总让它为我做同样的事：我感觉到我找到了一种可以被人接受的方法，我正在认可那些原本并不太重要的东西。"弗洛伊德告诉费弗说。

弗洛伊德知道他需要彻底改变的心理根源。"虽然我并不十分内向，但我认为这一切都有情感基础。这和我总是不断地自我发问并将此作为生活方式有关。我认为自己不满多于勇敢。这并不是说我放弃了什么重要的东西，而是我更想发掘某些未知的领域……我不愿我的工作依赖于任何特别的人。我只想它忠实于自己……"

当弗洛伊德谈到"情感基础"时，他可能谈论的是他与卡罗琳的关系，在度过了苏荷区三年的艰难生活（并且染上了赌瘾）以后，他们的关系快结束了。

没有什么比弗洛伊德为她画的最后一幅画更明显了，《酒店卧室》完成于1954年，那时他们在巴黎短期生活；不久，它就在威尼斯双年展上展出了。如果将他为她所画的四幅一组的作品比作是一场音乐会，这一幅则是高潮。它显示了弗洛伊德，一个男人如暗影幢幢的幽灵站在酒店的窗边，窗户里是对面建筑光秃秃的不毛景象，当他垂着眼睛看着床上躺着的人时，脸上布满了痛苦的表情，毯子紧挨着她的下巴，她的手指紧张地抚着自己的脸颊。这就是卡罗琳·布莱克伍德，看起来像是一具尸体，即使她呆滞的眼睛睁得老大。这同样也是卡罗琳作为"床上的女孩"的典型样子，从早期标题特别的绘画中那光芒四射的理想化形象变形而来。只有皱巴巴的床单才能让你把二者联系起来。这幅画是纯粹的黑色影片。

安妮·邓恩认为,这是他们在路易斯安那酒店的房间里画的,正逢"史上最寒冷的冬天"。卡罗琳被冻僵了,那时她极其沮丧。她意识到婚姻就是在那个时候变得不稳固了。(卡罗琳之所以说她非常冷,是因为弗洛伊德为了给画画腾地方打破了窗户。)对此有很多种解释:卡罗琳因为喝醉而流产了。这幅画让人想起弗洛伊德所绘的凯蒂·加曼《病倒在巴黎》(*Ill in Paris*)。不管它是什么,都代表了弗洛伊德艺术生涯的一个戏剧性的转折点。"我的眼睛完全控制不住,我坐下,一动不动。小小的画笔,上好的帆布。坐着让我越来越激动。我很想把自己从这种工作方式中解脱出来。《酒店卧室》是我坐在那儿画的最后一幅;当我站起来,就再也不想坐下了。"他向费弗解释。

正如他告诉葛雯的:"我想用另一种作画的意识被一段时间持续的不快点燃了,这让我再也无法安坐下来画画。你知道,当你不开心的时候你怎么能坐得下来呢?我很清楚我的工作并不是情感的载体……不,并不完全是。我并不希望像表现主义那样让自己的作品承载自己的情感。此前,我从未怀疑过我工作的方式是唯一的方式。我看到在我的感知和绘画方式之间产生了差错。"

从那时起,他所做的就是在自己的作品中发动革命。站着画画只是第一步。几年后,他开始用猪毛画笔取代此前所用的高级的黑貂毛画笔。最终使用了一种浓铅颜料，被称为"克雷姆尼茨白"，这种颜料让他能够"如肉身一样为我所用"。

当卡罗琳和卢西安结婚后，就和弗朗西斯·培根走得很近，他们终生保持了友谊，到了20世纪70年代，这对著名的人物画艺术家密友最终闹掰了。几个原因导致了友谊的终结。弗洛伊德告诉斯密，他已经多年不再和培根说话了，因为他看到自己的朋友被培根后来的情人，一个飞行员极为残忍地对待。过了一段时间，弗洛伊德拒绝将他挂在多塞特的画《两个形体》（*Two Figures*，两个男人在摔跤，更有可能是在交媾，此画以"鸡奸者"而闻名）租借给1985年泰特美术馆为培根举办的第二次回顾展。

这两位从前的密友通过他们共同的朋友迈克尔·维夏特来互相传达辱骂。培根在去1974年海沃德画廊举办的弗洛伊德回顾展时对维夏特评论说："哦，卢西安很有天赋，但我对表现主义毫无兴趣。"他还说："卢西安所做的一切都太谨小慎微了。"作为回击，弗洛伊德告诉维夏特，他不会再见培根，"因为他的谈话如此重复"。培根回应说，他根本不想看到弗洛伊德，因为"他的作品重复又重复"。培根后来说他们曾经很亲密，但"我们之间的纽带已经被扯断了"。弗洛伊德对斯密所说："当我的绘画获得成功之时弗朗西斯就变得痛苦和恶毒起来。"

安妮·弗洛伊德回忆起自己和父亲，以及培根一起在

"马车夫之家"的时光,那是20世纪70年代:"爸爸和弗朗西斯曾经以一种有趣的方式,表现得像是龚古尔兄弟,他们讲悚人听闻的、造谣诽谤的故事。"她还记得一天晚上。

> 弗朗西斯在那里,爸爸也在那儿,他正在讲在巴黎时发生的故事,那时他和贾科梅蒂、毕加索以及所有与众不同的人在一起。他们都在谈论着他们喜欢的各式各样的女孩。其中一个说,他根本不喜欢那些对他趋之若鹜的女孩,而更喜欢那些对他不感冒的女孩,因为想要一个人真正喜欢你很难,他更喜欢不那么喜欢他的女孩子,"我,更喜欢山羊。"显然这是贾柯梅蒂的弟弟迭戈说的,这就是他们交谈的内容。这些谈话很夸张,就像是在剧院的台词。一种公开地运用言辞来缠绵——讲故事,它们绝对令人震惊,看起来又那么异想天开、引人注目。他们经常混在一起,无休无止地吃着晚餐,一顿又一顿。

她说,在他们的关系中"有一种深深的爱……他们的友谊是极其肉欲的。我可以告诉你爸爸谈及弗朗西斯的一件极可爱的事。他说弗朗西斯有着最性感的前臂。这种说法就像是情人之间的评价,不是吗?"当问到他们之间是否曾经发生过性行为,她只是一笔带过:"他们为什么没有呢?也许就在那儿——发生。"

据安妮说，这段友谊最终破裂部分是因为"我想他们都生活在一个超级、超级八卦的世界，爸爸也开始批判弗朗西斯，弗朗西斯当然听到了，感到被深深伤害了"。

尽管如此，关于他们之间强大的友谊仍然被保留在了画中，这些作品才华横溢，毋庸置疑。

到了1954年，卢西安·弗洛伊德已是一位著名的艺术家了，尽管那时他只举办过少数几个展览，其中包括1944年和1946年在勒费弗画廊举办的两次。他和弗朗西斯·培根以及本·尼科尔森一起代表英国参加了第27界威尼斯双年展。双年展上展出了他的22幅作品；除了《酒店卧室》，还有《抱猫的女孩》《帕丁顿的室内》《女孩与白狗》和《弗朗西斯·培根》。

弗洛伊德被要求在《邂逅》杂志上为他自己的作品写点什么，或"一些关于绘画的想法"，然后发表在七月号上。他的言论有力地说明了他的抱负。尽管后来他声称后悔公开自己的言论，但却准确地反映了当时他的感受：

> 在绘画中，我对客体对象的处理是去尝试挪去由现实带来的强烈感受。这能否实现全凭画家对人物或他选择的对象所理解和感知的强烈程度……画家把他对自己所关注的一切内在感受都表达出来，好让其他人真实地体会到。于是，当每一个观看者透过这种强烈的感受观看这幅画时，这个秘密

便透明化了。画家对他创作主题的全部痴迷就在于他需要被自己的主观感受驱使着……

他对观察过程的描绘使得他的终极目标——与精神分析的目标相同——如水晶般一清二楚：主观情感将"最终揭示一切"：

> 画家们把生活本身当作创作题材，并与他们眼前的客体接触，他们这样做是为了把生活转化成艺术，或者从字面上说，回归它本来的样子。必须被放在近距离的观察之下：如果日夜不断地这样做，客体——他、她或者它——最终就会提示一切，如果没有他们，选择本身就不可能实现：他们通过他们所拥有的或者所缺乏的生活的某些或者每一个方面、通过行动和态度、通过每一个瞬间的变化来揭示生活。正是这种生活的知识能够让艺术完全从生活中独立，这种独立是必不可少的，因为想要感动我们的绘画绝对不能仅仅是让我们想起生活，而必须获得生命，它恰恰是为了反映生活……

当然，卡罗琳揭示了她的不幸——如果需要被揭示的话——在《酒店卧室》里。1956 年，她离开了卢西安，逃往意大利。她离开的原因是多方面的，但她后来把一次关键性的晚餐说成是她放弃婚姻的导火线。

1993 年，她告诉《城市和乡村》杂志："我离开他是因为某些事，那根本不足为道却又好像是因所有的事而起。比如我是个好厨师，买了一整天的东西然后做了一顿完美的晚餐，卢西安却把我精心烹制的火鱼退了回来。如果有人给你东西，你应该拿盘子接着，或者放下也可以——我是说，如果卢西安工作进展不顺他就不吃任何东西——但不能退回来。当他这么做的时候，我就出去了，住在一家酒店里，随便找的酒店，事情就是这样。"

她详细地描述道："还有其他问题：卢西安喜欢用陀思妥耶夫斯基式的激情来赌博。他可以把一切都押在俄罗斯轮盘上；没有什么是他不敢拿去赌的，对他的伴侣来说，这实在是太危险了。即使他在开车时，也要在每个盲点角落超车，不惜迎头往上撞。这一点也适用于他的工作。"事后，她还补充说，她结婚时还非常年轻，想要孤身一人旅行。她告诉迈克尔·金梅尔曼："卢西安和我不应该结婚，也该结束了。我们都太不安定了。"

卢西安·弗洛伊德不习惯被抛弃，他只习惯主动离开。他不能接受卡罗琳真的丢下他。"卢西安跟着我。在很长一段时间内我都无法让他明白我是不会再回来了。"她说，"他找弗朗西斯介入，试图说服我回到他身边。在我见过弗朗西斯以后，他向卢西安解释了，事情结束了，而且早已经结束了。我喜欢弗朗西斯扮演婚姻顾问的角色。"

还有另一个可能的原因，有意或者无意的，就是卡罗琳想要孩子，她后来有了四个和其他伴侣所生的孩子——

三个女儿和一个儿子。她说:"弗洛伊德不是那种可以和别人生孩子的人。"一年之后,离婚的原因被归为"精神暴力"。在他的书《神圣的怪物们》(Sacred Monsters)中,丹尼尔·法尔森讲述了一个与卡罗琳交流时得来的故事。"你曾和卢西安一起开过车吗?"她问法尔森。"是的,有一次当他在一个红灯前停下时,我害怕极了,于是我下了车。"法尔森说道。"确实如此。"卡罗琳说,"这正像和他结婚的感觉。"

正如弗洛伊德后来告诉费弗的:"在艺术中,你必须冒险。它实际上是一件深思熟虑的事。你站在跳板上。在生活中甚至有点难以界定什么是冒险,除非你和我以前一样玩俄罗斯轮盘赌或者开车。你知道:冒险就像闭上眼睛,冲过马路来试试你的运气。在工作中,一件事能够让你继续并激励着你当然是极为困难的,不是吗?"

在生活中,这种困难最终会让你付出代价。

7 性关系

人们普遍认为,卡罗琳离开之后弗洛伊德就崩溃了。事实上,一些与他最亲密的人担心他可能会自杀。弗洛伊德的一个朋友,也是他的长期助手查尔斯·拉姆利曾经回忆道:"我们担心他可能会自杀……他的朋友们请求我照看他。我记得卢西安走到阳台,从上面翻下去,把培根吓坏了。卢西安当时确实很糟糕。"当弗洛伊德拒绝回到他和卡罗琳曾经住过的迪恩街上的住所时,拉姆利只得去那里抢救了一些画。

在第二次婚姻结束后,卢西安便再也没结过婚了。卡罗琳离开后,他度过了一段"疯狂追求一个又一个的女孩,流连于跳舞、夜总会、派对、骰子游戏,夜夜笙歌"。他告诉费弗。当然,少不了大量的赌博。

弗洛伊德那时的赌博导致了他与弟弟克莱门特之间的关系产生了最后的裂痕,他与克莱门特从来都没有亲近过。这种疏远在他们儿时兄弟姐妹之间的竞争中就产生了,两人很早就发生过痛苦的争吵,当时在公园里你追我赶,卢西安为了阻止克莱门特，大叫道"阻止小偷！"致使路人出手干预。虽然多年没有看到他的兄弟，但这并没有阻止卢西安在1955年向他兄弟借钱还赌债。当卢西安去克莱门特的私人俱乐部向他借钱的时候，"克莱门特拒绝借给他，所以这正是他们疏远的原因"。查尔斯·拉姆利回忆道。

尽管克莱门特最终成为著名的播音员、作家和国会议员，弗洛伊德也再未与他交谈过，克莱门特于2009年逝世，他甚至没有参加他的葬礼。他拒绝被封为爵士，只因为克莱门特被封了爵士。"我弟弟有一个爵士头衔。就是这样。"（弗洛伊德后来告诉一位采访者："我弟弟成了一个公众人物。他成了伦敦家喻户晓的人物……他演讲，写书，是个电视名人，还做过狗粮广告。……我无法忍受他。"）

弗洛伊德更"大胆"的绘画风格在接下来的几年里逐渐成熟起来。1956年，他不再使用黑貂毛笔而改用猪毛笔，这使他能更灵活、更有力地运用颜料。

最后，他开始在画面上展现标志性的东西，在构图里加入成堆的破布以及画室的板材。实际上，他做的事情与他强迫性的个性几乎是背道而驰的：他正在实验。"你渴望画一些看起来不像你会画的东西——这些东西可以让你脱离天性。"他后来说。

大多数评论家都认为弗洛伊德1958—1959年的《微笑的女人》（*Woman Smiling*）是进入全新创造性领域的一次

飞跃。他告诉葛雯，这幅肖像是一个重要的转折点。葛雯说："正是在这幅女人的肖像画里，许多东西开始发酵，突破来临了。在《微笑的女人》中，具有建造性的能量被释放了。"正如约翰·罗素所观察到的："松散的脂肪、晃动的笔触，与一两年前完美的珐琅质表面彻底决裂了。"

在他画的卡罗琳肖像《读书的女孩》和《床上的女孩》里已经出现过这样斑驳的杂色，但到了他为近期的模特儿和情人苏济·博伊特画的肖像时，这种画法就上升到全新的层次。这是第一次颜料在弗洛伊德的画布上变得如此重要，无论是写实表达的还是具有象征性的作品。雕塑感而非插图感被强有力地表达出来。在前一年的作品中，这种新的方向已经展露出来了，比如《穿白衬衣的女人》（*Woman in a White Shirt*，1956—1957 年）以及更为明显的《年轻画家》（*A Young Painter*，1957—1958 年），但它们在《微笑的女人》上开花结果了。弗洛伊德已经开始探索颜料作为一种媒介的纯粹力量，而不是只用作上色。

区别是显而易见的。"这些楔形的色块在绘画和肉体上都是一种意图的表达，颜料被猪毛刷子驱使着，在画面表面纵横挥洒，它与黑貂刷子的效果很不相同，黑貂刷子是小心谨慎地遵从着形象的。"葛雯写道，"弗洛伊德的作品从那时起就和这种冲动产生了关系，饱满的形体和鲜活的生命通过它闪耀着……感官和物质的丰富，这些是弗洛伊德在年轻时坚决抵制过的，此时却突然以全新的形式和饱满的能量一起涌现在他的笔下。"

至于对颜料本身的处理,"刷子往下扫,在画布上走'之'字……就能描绘出极美的澎湃的曲线,它们得以塑形,摹写对象以及强有力地表达情感使它们看起来,正是表现。"弗洛伊德正学习如何在艺术中注入对生命的感受,夸张往往是比精准更加有力的工具。

毫不奇怪,当弗洛伊德故意回避一丝不苟的画风时,他艺术中的所有一切格局都变得更宏大和松散了。"我已经停止了素描,我想要使用更大气的画笔。"弗洛伊德自己解释道。"大"同样也指尺寸;他在 60 年代的绝大部分作品已经比现实生活还要大了。艺术家开始进入了他职业生涯中的一个崭新阶段,他将在此后的生命里充满热诚地追求这种新的东西。

弗洛伊德的个人生活也在改变:他进入了许多新的、交缠不清的恋爱关系中。1949 年,他开始在斯莱德美术学院教书;几年后,他成了客座教师。弗洛伊德从学院所获得的很可能比他自己所付出的要多得多:苏济·博伊特是他在斯莱德遇到的几位艺术学生之一,她为他生了孩子。(他冒险的另一个方面,就是对情人从不采取保护或避孕措施。)

苏济于 1957 年生下亚历山大·博伊特,也就是阿里。同年,他与卡罗琳的离婚已尘埃落定,卢西安与苏济在一起的时候很可能仍和卡罗琳处于婚姻关系中。他们 12 年的纠葛诞下了另外三个孩子：罗斯和苏西分别出生于 1958 年和 1969 年，他们都成为了小说家，伊泽贝尔则出生于 1961 年，现在是个老师。博伊特还有个儿子——凯，这是她在上一段婚姻中所生的，弗洛伊德把他当作继子。

弗洛伊德在他孩子们的大部分童年里只是偶尔出现。正如他自己所说："当我可以和他们交谈，把他们带出去玩的时候，我才喜欢他们。我从没想过：'噢，这个婴儿有多么可爱！'"尽管如此，当他们还是婴儿时他还是为他的许多孩子画了肖像，最开始是凯蒂抱着他的第一个孩子，即安妮（《母与子》，(*Mother and Baby*，1949 年）。

"很明显，他大部分时间都在画画，但他还是会来看我们，像是一家人，还会带我们出去吃晚饭。"罗斯·博伊特说。当她十五岁离开家，他曾来过她的公寓，"我们只是说说话。我想这是我作为一个成年人对他有了初步的了解。"罗斯还回忆了从卢西安那儿学的诗，"我去看他，从一年寥寥数次到一周三四次。我们一直交谈，开始了解对方，发现彼此身上有许多共同点。他还做过极美味的食物。"

尽管如此，在她发表于 1992 年的小说《罗斯》中，人们可以读出她儿时感受到的距离感。"我父亲的车长得像柩车。我坐在后座上觉得很难受。从可以照到我的斜镜子里，我用余光看到自己的脸色发生了变化，镜子在后窗的凹槽里闪着幽幽的光，显现着它们光辉的存在……我的脸色苍白，直到坐在父亲的对面，就是在餐厅的桌子旁时，我发现自己的脸是绿色的……"

接下来的一篇文章也同样唤起了这种失落感："他把我抱在怀里，在一个能俯瞰广场和树木的、高高的窗户旁。他为我唱歌。你这漂亮的大娃娃。让我抱抱你，我很高兴找到你。我的妈妈正在水龙头下洗生菜。我的哥哥姐姐正坐在桌旁，妹妹坐在高高的椅子上，等着吃午饭。你这个漂亮的大娃娃。那就是我。我父亲把我抱在他怀里。我坐在他的前臂上望着窗外，两腿晃来晃去。然后他把我放下来，溜走了。"

苏济已经放弃了绘画，把旧衣服放在她自己的商店里出售，这个商店后来成了古董市场。显然，像一个冒险家一样，她曾一度买了一艘船，把四个孩子从学校带走去环游世界，在特立尼达停了下来，他们在那里定居了一段时间。（罗斯在她的小说中也写到了那段经历，还有她母亲和船长之间的暧昧关系。）卢西安在这段冒险里是完全缺席的。

苏西是博伊特家最小的孩子，她的名字来自于她的母亲，这是卢西安建议的。"我从很小的时候就意识到是怎么回事了。"苏西谈论他的父亲，"他喝酒、睡觉、无声地画画。当你非常擅长某件事的时候——像他一样——每一天都会经历危机。他绝大部分的生活都是为了解决这个问题。他是我唯一的父亲，所以我接受这种状态，并且努力去享受……他有一种令人惊叹的能力，总能激发那些了解他的人去爱他。这是一种奇异的能力,你无法忽视。"

苏济·博伊特并不知情的是,弗洛伊德同时与凯瑟琳·麦克亚当认真交往着,在大约1952年他第一次见到她,在与卡罗琳·布莱克伍德结婚之前,那时她才19岁。在他与卡罗琳离婚后,他与凯瑟琳的关系死灰复燃,持续了大约15年。他们的第一个孩子——简,于1958年出生。随后还有另外三个孩子在短时间内出生:保罗出生于1959年,露西出生于1961年,大卫出生于1964年。

根据简的说法,她对弗洛伊德那些年作为父亲的描述是真实的,他在圣马丁艺术学院的一场舞会上遇到了她的母亲凯瑟琳,凯瑟琳在该学院学习时装,此前她被宣布为舞会之花。他们很快坠入了爱河。凯瑟琳根本不知道弗洛伊德还见了卡罗琳·布莱克伍德,简回忆说,当她在报纸上看到弗洛伊德已经结了婚,"简直崩溃了"。(有一段时间,凯瑟琳一直在为弗洛伊德的第一任妻子凯蒂·加曼充当保姆,照看安妮和安娜贝尔。)

在弗洛伊德1957年离婚后,"他回到了她的身边,伤心欲绝,她不得不照顾他。"简说,"他到我母亲这里,只是为了寻找一个照看者,她还是把他带回来了。他相当贫穷。"当简出生的时候,"他在帕丁顿为我们找到了一个地方,离他的画室很近,时不时就和我们住在一起,因为他晚上要画画。"简自己也是个认真的艺术家,她回忆道:"我记得当我绘画的时候,他会给予我最多的关注。"

但是随着简长大，事情开始分崩离析了。"他们一定会争吵不休，因为我印象最深的就是他会说：'简，去找你母亲，她不让我进门。'所以他不得不回到他的画室。'告诉她我在这儿。'他还会说，'请你努力劝劝她。'但我不能。我记得他在门外的台阶上睡着了，当我一大早上学就看到他在那儿，感觉糟透了，因为他会整夜待在那里，而她也不会再让他进来。"

简八岁时，凯瑟琳对弗洛伊德拈花惹草的浪荡行为已经达到了忍耐的极限。这时，她才意识到他夜夜不归并不只是在"画画"。她带走了孩子们，搬出了伦敦西南的房子，既没有给卢西安留下一句话，也没有留下新的地址。"我们无法说再见。我感觉很糟，因为我认为他会以为是我离开了他。我只是躲进了移动货车里，他再也不能找到我们了。"简谈到了这次充满创伤的经历。

这四个孩子不仅离开了他们熟悉的环境，也离开了他们的祖父母，恩斯特和露西，他们住在附近，每天都能彼此遇见；每天还会将她从校车里抱出来，带她回家里喝茶。"他们对我真是太好了。"她回忆道，"露西会问我关于学校的事，递给我用小杯子盛的茶，配着骨瓷碟子，装着丹麦糕点。恩斯特是令人惊奇的存在，他总是和她待在房间里。"

直到成年，简和她的兄弟姐妹再也见不到他们的父亲了。就像弗洛伊德的其他孩子一样，简没办法联系到他，因为他甚至没有把他的电话号码和地址告诉父母。卢西安显然没有努力与他们联系。凯瑟琳也再没见过他。

简在 31 岁的时候与父亲重逢,但她的其他三个兄弟姐妹却并没有真正和他交流,直到多年以后他临终的时候。露西回忆说:"妈妈从没有提起过他。在过去数年里,我们似乎失去了继承权,人们只知道我姓麦克亚当,这是母亲的姓氏……我一直都知道父亲是个著名艺术家。我渐渐接受了看不到他的事实,就这么回事。"她在 20 多岁的时候曾见过他一次,其他的孩子(媒体称之为"被遗忘的弗洛伊德们")在一次由埃丝特组织的午餐中见到了他,埃丝特是简同父异母的妹妹,在简的弟弟大卫偶然遇到了他们的堂妹艾玛——克莱门特的女儿之后,她们才见了面。当露西邀请他参加婚礼,或是当露西给他寄了一本她为他画的肖像小册子时,他都没有回应。

与此同时,大约在 1959 年,弗洛伊德与另一个年轻女孩伯娜丁·卡芙利又开始了一段关系,她当时才 18 岁,后来为他生了两个女儿,贝拉和埃丝特。由于她那温柔可爱的肖像《怀孕的少女》(*Pregnant Girl*)完成于 1960 至 1961 年,所以有人推测他可能是在 1959 年遇见的她。即使她在肖像画中,正脸完全避开了艺术家,她和 1961 年出生的大女儿贝拉的相似之处却是引人注意的。弗洛伊德很快就画了一张婴儿绘画《绿沙发上的贝拉》(*Bella on a Green Sofa*,1961 年),作为《怀孕的少女》的后续之作。

埃丝特在两年之后出生,此时是 1963 年,她在母亲的讣告(令人震惊的是,虽然她比卢西安小了整整 20 岁,但她的死却紧随卢西安,即 2011 年 7 月他去世后的四天)中写道:"在 1950 年代末,她发现了苏荷区和诺丁山的夜总会,在其中捕捉到了卢西安的身影。"值得注意的是,尽管卢西安会因为他那画笔下露骨的裸体而闻名,但如果仅从胸部向上看的话,他所绘的她的肖像才是他画得最早的裸体之一。五年之后,这位艺术家到了 40 多岁,才第一次尝试了全身裸体像。

像苏济一样,伯娜丁被描述为"一个作家、园丁和自由的灵魂",带着她的孩子们进行了一次异国冒险:埃丝特的第一部小说《北非情人》(*Hideous Kinky*)[1] 后来被拍成了电影,令凯特·温斯莱特和凯文·马克德一举成名,这部影片讲述了他们在摩洛哥旅行的故事。书中总是提到一个身在伦敦却总不出现的父亲,他很少寄钱,而且从来不准时。("毫无疑问,我一分钱也没有。能够联系到你的父亲和摩洛哥邮政,那简直是个奇迹。"她虚构的母亲呜咽着说。)埃丝特后来回忆起一次罕见的会面,那时她七岁,父亲在他的豪华轿车——可能是他至爱的宾利车里,给她留下了极其"生动鲜活"的印象。"自从我出生,他就没和母亲在一起……他迷人优雅,好像来自一个不同的世界。他

---

[1] 《北非情人》讲述了在 70 年代初期,一名美艳的英国少妇带着两个稚龄的女儿,从一段破碎的婚姻中逃离,漂洋过海来到北非摩洛哥。

最近告诉我,他对婴儿和儿童不感兴趣。"

直到她 16 岁搬到伦敦开始做他的模特儿,此时她才得以与父亲建立正常的关系。2004 年他在(弗兰克的儿子)杰克·奥尔巴赫制作的纪录片里说:"你有一个选择,并不是弗洛伊德所有的孩子都有的,从很小的时候起,如果你想要接受他所喜欢的东西,你就能得到好处,但如果你因为他不像其他人的父亲那样而生气,那你就什么好处也得不到……当我 16 岁的时候,我搬到了伦敦,几乎是立刻就坐下来给他当模特儿。这是一个了解他的好办法,因为在此之前我还从没和他生活在同一个城市。"事实上,对于弗洛伊德的孩子们而言,只有为他当模特儿、摆姿势才是唯一真正与他接近的机会。

与此同时,在所有这些背景之下总是伴随着他的长期情人贝琳达·莱姆顿(Belinda Lambton,"宾迪")的身影,他在 1960 年画过她。根据她的女儿露辛达的说法,宾迪当了弗洛伊德"很多、很多、很多年"的情妇。(事实上,正是弗洛伊德和宾迪以及她丈夫托尼·莱姆顿的关系让凯蒂和她丈夫韦恩·戈德里把弗洛伊德告上法庭,此时安妮还是个青少年。"这很有破坏性。"安妮回忆说。)

简·威洛比夫人是弗洛伊德另一个认真对待的长期情人。(她出现在《头像》这幅画中(*Head*,1962 年),在《穿毛皮大衣的女人》(*Woman in a Fur Coat*)中她穿着豹纹毛皮大衣,手托腮作若有所思状,此画作于 1967 年。)

弗洛伊德可能还有另外两个情人,还生了孩子,一个是和雅克塔·艾略特夫人所生的,她是圣日耳曼伯爵夫人,1971年生了一个儿子弗雷迪;还有一个是与画家西莉亚·保罗所生,他们的儿子弗兰克生于1985年,在1980年代,西莉亚成为了弗洛伊德多年的缪斯,也是他大部分最令人难忘的裸体绘画的主角。

"我有许多孩子,到处都是。但只有他们不在的时候我才快乐。我有时把他们带出去,有时去看看他们。总的来说,我是个孤独的人。我只做我想做的事。"1977年弗洛伊德告诉约翰·葛雯。根据最近的统计,弗洛伊德有14个被他承认的孩子。他开玩笑称自己是"那个时代最伟大的缺席父亲之一"。

卡罗拉·赞特纳回忆起大约1970年的时候,她的母亲私下里去看过弗洛伊德的一个展览,卢西安的母亲露西则轻轻推着她说:"你看到那个年轻人了吗?我想他是卢西安的一个孩子。"我母亲说:"你怎么知道?"卢西回答说:"哦,他刚刚转向卢西安叫了声'爸爸'。"

安妮是他和凯蒂生的孩子,也是弗洛伊德所有孩子当中最年长的一位,对他父亲有着极为深刻和美好的记忆,从她蹒跚学步开始,一直长大到十几岁。"我有一个正常的童年,他不是一个经常和我们同住的父亲,但这是好事。"她说。事实上,当她和她的妹妹安娜贝尔还很小的时候,她们不是与父亲在一起,而是与卢西安和卡罗琳在一起。"

"当我三岁半的时候,我很清楚地记得父亲身上的味道。他身上闻起来有油气和松节油的味道。"她说。"我记得我们住在梅达谷,靠近圣约翰别墅他父母的房子。当我们穿过马路的时候他会抓着我的手,拖着我让我跑起来,这样并不会危及生命,他会和我交流着冒险的乐趣,这些记忆一直贯穿在我整个童年。在我刚出生的几周他就画下了我。我还记得他画我的情形——在我的童年里,他一直在画我。他是我生命里特别重要的一部分。"安妮,一个受人尊敬的诗人,与她的父亲一起分享对诗歌深沉的爱,她常常根据记忆引用 T. S. 艾略特、威廉·巴特勒·叶芝[1]、约翰·贝里曼[2]和 A. E. 豪斯曼[3]。

安妮对弗洛伊德公开的形象有敏锐的观察,从他对赌博明显的轻浮到他对育儿的态度:"没有多少人像他一样,如果你喜欢,他就是个绝对重量级的天才。有些原因人们是不会考虑的……就是一个人对自己神化的意图。这非常重要,这正是他们极力压抑焦虑以使得他们极其危险地为他们的艺术献身……我父亲曾和我非常非常轻松谈论过赌博,实际上我认为他确实能够与任何人都很亲近。但我能

---

[1] 叶芝(William Butler Yeats, 1865—1939),爱尔兰诗人、剧作家和散文家,著名的神秘主义者,诗歌受浪漫主义、唯美主义、神秘主义、象征主义等影响,风格独特,代表作有《钟楼》《盘旋的楼梯》《当你老了》等。
[2] 约翰·贝里曼(John Berryman, 1914—1972),美国诗人,20世纪美国自白派诗歌奠基人之一,代表作有《向布雷兹特里特夫人致意》《77首梦歌》等。
[3] A. E. 豪斯曼(A. E. Housman, 1859—1936)英国学者、诗人,诗风模仿英国民间歌谣,多哀叹青春易逝、美景不常、爱人负心等,代表作有《什罗普郡少年》《最后的诗》等。

看到压力加之于他的巨大痛苦,因为我还是孩子的时候就经受过。他谈到过赌博和失去一切的可能,我是说绝对意义上的一切。钱不是他自己的,而是属于其他人,他曾称赌博'把他清洗一空',似乎它是件有益的事。但我看得出他的痛苦和害怕。"

另一方面,她又说:"父亲以这种方式来追逐所有令他着迷的东西。"她说:

> 对于试图理解他的人,他行为的某个方面可能非常怪异和奇特,但这种怪异对他而言却很平常。区别出被创造出的自我和被放弃的自我非常重要,"你知道我就是一个绘画机器"。但他确实学会了如何做到这一点。他告诉自己,不需要睡觉。
>
> 如果他在一种状态当中,那就是在一种相当、相当奇妙的哲学家世界,通过构建世界以使得自己看不到爱上许多人、又爱上许多人、再爱上许多人的可怕。因为这确实很可怕……我知道他对别人的热情感到恐惧。尤其是他们以某种方式向他施加压力和要求。
>
> 当我年轻的时候,我遭受了许多和他有关的痛苦。但我后来就再也没有感受到了,其中许许多多的原因和他有关,和我有关,和我作为作家的发展和成功有关。但我记得我二十多岁接近三十岁的时候……在这里生下了我的女儿,遇到了兄弟姐妹,有好几次在育儿方面我们还有些讨论,而且他

还会经常谈起这些事。我曾经历过情绪失控,他似乎对愤怒具有最非凡的洞察力、兴趣和敏感度,你知道,那时他绝对是一个推卸责任的对象。……我觉得很糟糕。因为这感觉就像这是最后一次开怀大笑了。他能从情感上感受到,但不会表现出来,除非他选择这样做。这就是我想要说的……关于需要建立一个道德体系,然后他就能过他的生活。

在 2006 年对弗洛伊德的一次采访中,塞巴斯蒂安·斯密问他是不是多次坠入爱河。"不!"弗洛伊德说道,并且继续解释说真实的情况恰恰与外在的表现相反。"我并不这样想。我想大约只有两次或者三次。我想最多也就是这样了。人们每天不断谈论爱情,但我却认为它相对稀罕。我不谈论习惯,我也不谈论歇斯底里。我只谈论实实在在、完完全全、绝对令人关心的事物,比如那些别人的兴趣、烦恼、或会使你快乐的东西。"

弗洛伊德的画布上总是表现出他和这群由特别的情人和孩子们组成的特殊圈子之间的亲密。绘画毫无疑问总是第一位的。在他生命的最后,弗洛伊德被问道:"是什么驱使你画画?"这位艺术家简单扼要地答道:"我最爱干的事,还有我彻底的欲望。"

8　倒向库尔贝

1960年和1961年,弗洛伊德短暂地访问了荷兰和法国;宾迪·兰姆顿陪他走过了一段行程,在1960年他画《绿沙发上的头》(*Head on a Green Sofa*)和1961至1962年画《裸着胳膊的人体》(*Figure with Bare Arms*)时,做过他的模特儿。"他以壮观的外形而闻名。她对自己的臀部进行过令人惊讶的训练。"弗洛伊德观察到,虽然后面那幅作品强调的是她的乳房,它们被包裹在一件贴身的白衬衣中。

弗洛伊德到国外去参观了许多艺术作品和展览:具体来说有哈尔斯[1]、安格尔、戈雅和库尔贝[2]。〔库尔贝的《世界的起源》(*L'Origine du Monde*)是一个毛发浓密且健壮的女性裸体,从胸部以下全部裸露,包括浓密的阴毛和私处;这幅画作于1866年,直到1988年才被公开展示

---

[1] 哈尔斯(?—1666),荷兰著名的肖像画家,代表作有《微笑着的骑士》《哈勒姆养老院的女主持人》《圣乔治射击手连军官们的宴会》等。
[2] 库尔贝(Gustave Courbet,1819—1877),法国写实主义画家,代表作有《打石工》《画室》《奥南的葬礼》等。

出来。]他在蒙彼利埃待了两天:"我看了些库尔贝的作品(和一些籍里柯的人体画像)……我喜欢库尔贝。喜欢他的无耻。""无耻"也是弗洛伊德推崇的培根作品中的一种特质,他因此变得声名狼藉。

当德拉米尔街在1962年被拆除时,弗洛伊德搬到了克拉兰顿·克雷森特酒店。"在克拉兰顿,我画到下午四点才吃午餐,之后去赌博。有太多的赌博游戏了,赌马、赌狗,没日没夜,我彻底破产了。"他后来说道。新画室和旧画室一样,也是运河边一个废弃的街道。"它被称为虫巷:在我搬进去之前得先收拾一下。"弗洛伊德后来对费弗回忆道。对于弗洛伊德来说,它也让人想起"多雷的伦敦"[1]。楼上的空间(包括一个阳台上的卫生间)又长又窄,严重限制了行动,于是弗洛伊德推倒了一面墙,使其得以拓展。

他在那儿画的肖像画反映了他的新方法:《椅子上的红发男子》(*Red-Haired Man on a Chair*,1962—1963年)画的是他的朋友、斯莱德的学生蒂姆·贝伦斯,画中扭动的角度看起来几乎是培根式的。在他身后,也就是画布的中央,流淌着一条粗糙肮脏的白色河流——弗洛伊德的油画布被贴在了墙上。它们与柱子相交,构成了一个奇怪的十字形,这或许是再次对培根的认可。这是弗洛伊德第一次

---

[1] 《伦敦:一次朝圣》的作者为布兰夏·杰罗德(Blanchard Jerrold),多雷共为此书创作了180幅伦敦"社会纪实"性的雕版画。这本作品与多雷的《神曲》插图等有很大不同,揭开了伦敦乃至整个人类的伤疤,表现了血泪交融的社会现实。

把油画布作为构图元素放在画中，使之成为著名的主旨。

弗洛伊德的《沉睡的头像》(*Sleeping Head*，1962年)中，人物的下巴靠在肩膀上，脸背向观众，几乎看不到容貌特点，这幅画也是画家的某个阶段的分水岭。这种极端且游移不定地对一个女性头部进行的露骨特写，在其尺寸和延展度方面，都可以作为弗洛伊德未来努力的范本。"我打算画一个裸体，"弗洛伊德对葛雯解释道，"随后我意识到我可以从这个头像开始。"这是他在画布上所作的一种借代形式，后期，它成为了弗洛伊德那些引人注目的昂贵裸体画中被广泛关注的一幅。

他曾为名叫约翰·迪金(*John Deakin*，1963—1964年)的摄影师和"殖民地屋"的常客画过松弛的头像，它与弗洛伊德十年前笔触紧凑绘制的另一位"殖民地屋"常客约翰·弥尔顿的头像在技法上相去甚远。《男人的头部自画像》(*Man's Head Self-Portrait*，1963年)使用了一种长而松散的笔触，并采用了短缩透视，这可能是由于弗洛伊德工作的空间太狭小，也可能是因为它是从镜中看到的形象，这件作品像是为他后来的自画像《两个孩子的镜中映像，自画像》(*Reflection with Two Children, Self-Portrait*，1965年)所绘的习作，这幅自画像被画成了一种不同寻常的灰色调，这也同样让人想起培根。在画中，弗洛伊德的形象远远大过两个小小的孩童，他们几乎要消失在左边的角落里。这两个孩子是阿里和罗斯·博伊特。在极度原始的《男人和他的女儿》（*Man and His Daughter*，1963—1964 年）中，男人是他那伤痕累累的邻居泰德，"一个极其聪明的银行劫匪"，他的女儿莎伦则是从这时开始出现的另一件引人注目的作品。

1963 年 10 月，弗洛伊德在万宝路画廊举行了第二次个展，第一次是在 1958 年春天。展览展出了 24 件作品，包括《微笑的女人》《沉睡的头像》，伯纳丁的肖像被称为《黑发的裸体》（*Nude with Dark Hair*，后来又被改为了《怀孕的少女》）《绿沙发上的婴儿》（*Baby on a Green Sofa*）《笑着的裸体孩童》（*Naked Child Laughing*）以及《红发男子——室内》（*Red-Haired Man—Interior*，后来被改称为《坐在椅子上的红发男子》）。

弗洛伊德的新作并未立即得到赞赏；两个展览都显示出这些画作很难出手。"在展览后的一两年，这些新画作受到了令人错愕的追捧。"葛雯写道，这可能还是一种比较克制的说法。"弗洛伊德 30 岁开始的作品是对他期望的一个巨大逆转。"

肯尼斯·克拉克，国家美术馆的前馆长，也是弗洛伊德早期强有力的支持者，个人化地表达了他对弗洛伊德新作品的厌恶。"在展览开幕后他写了一张卡片，说我故意抑制了每一件能使我的作品与众不同的东西，或是类似的东西，并在结束时写道：'我钦佩你的勇气。'此后，我就再也没见过他了。"弗洛伊德回忆道。

到目前为止，弗洛伊德一直专注于穿衣服的模特儿。"我倾向于从人性的层面思考……即使他们和动物一样穿着。"他曾说道。1950年他画了一幅肖像名为《沉睡的裸体》(*Sleeping Nude*)，和他所画的凯蒂肖像风格相同，她的臀部朝天俯趴着；冰冷、纯粹、大理石般的躯干和头部让沉睡和死亡看起来差不多。1963年，弗洛伊德画了他的长女，15岁的安妮，即《笑着的裸体孩童》(*Naked Child Laughing*)，由于她发冷、感到尴尬，抑或二者皆有，于是将自己抱得紧紧的，几乎完全遮盖了她的裸体。这几乎对即将发生的事毫无暗示。

1964年他被任命为诺维奇艺术学院的客座导师，弗洛伊德指导学生们画他们的裸体自画像（这引发了一些家长的抗议）。"我想让你尝试创造出最具启发、最生动、最可信的对象，"他命令他们，"你知道的，有些东西是不知羞耻的。"艺术家显然也是也是给自己布置作业。

1965年，克拉兰顿空间被拆毁，弗洛伊德的工作室又搬了，这一次是在格洛斯特街227号，还是在帕丁顿，在那儿他一直待到了1972年。也正是在那儿，1966年他画了第一幅完全发育的裸体《裸体女孩》(*Naked Girl*)，并开始了他长达数十年的、激进的女性裸体系列，它们使弗洛伊德获得了"在世最伟大的写实主义画家"的声誉。

倘若从一个崭新的透视短缩角度来看，这个苗条的金发模特儿——她也同样也出现在《睡着的裸体女孩》（*Naked Girl Asleep*，1967和1968年）中——躺在一个满是褶皱的白色床单上，她并不特别具有色情意味的私处成为画面构图的中心，虽然她的双腿紧紧地靠拢。胳膊向上抬，脸向后仰着，半睡半醒。

这是第一次弗洛伊德没有把注意力放在模特儿的头上；他明确地考虑将头部作为"一个肢体"。"我希望这个形象不要被头部强化了。"他告诉弗。这个策略被证明是弗洛伊德接下来诸多裸体获得力量感的关键因素；他的肖像是整个身体，在绘画中他给予头部的关注并不比一条胳膊更多。事实上，弗洛伊德更喜欢用"裸体肖像"这个说法来命名。他们本来就是裸体。

"我对他们真的很感兴趣，就像对待动物一样。"弗洛伊德后来说道："我喜欢画他们的裸体也部分是出于这个原因。因为我能看到更多：通过身体看到形式的重复，我经常从头部看到这些重复。最激动人心的事之一就是可以透过皮肤看到血液、静脉和斑点。"

弗洛伊德在1967和1968年再次画了这位模特儿（佩内洛普·卡思伯森，《名利场》说她是"伦敦最贪婪及摇摆不定的鸟儿之一，现在嫁给了高贵的德斯蒙德·健力士"）：两幅画（其中之一是特写）都名为《睡着的裸体女孩》，这一次他采用了一个让体格显得更健壮的姿势，她的胳膊和腿都弯曲着，但并非有什么性暗示。"那一整个系列都被称为'佩妮的身体部位'。"弗洛伊德的一位女性朋友评论道。"因为有太多的部位了,不是吗?"但这傲慢的观察完全忽略了真正的重点。弗洛伊德在这些关键的绘画中严格地审视裸体模特儿,不带任何色欲;倒是像医生或者兽医可能进行的彻底的临床检查。

"我祖父坚持认为作为一名精神病医师,你就必须先成为一个完全合格的医生,无论任何时候他检查病人,不管病人是什么状态,医生都会给病人做全面的体检。这对我来说是正确和合宜的。"弗洛伊德说。从某种程度上,弗洛伊德认为自己是"一个生物学家",约翰·理查森说他祖父早期是对生物学而不是心理学感兴趣,这对弗洛伊德的作品影响很大。

正如艺术史学家约翰·罗森斯坦爵士所说的那样:"卢西安·弗洛伊德的艺术是一种长时间不眨眼,经过凝视后的产物——一种没有温度、没有幻觉的凝视,超越了所有纯粹的、入迷的凝视。"毫无边界的迷恋。

在接下来的几年里,弗洛伊德巧妙、细致地描绘了一系列他抑郁且患病的母亲。他还画了女儿们和一个儿子的露骨裸体画、他自己衰老的裸体肖像、许多模特儿的裸体,丰满的肉体使他专注,他还画了他的画室助手大卫·道森的裸体肖像。(事实上,他最后一个画的就是道森,裸体,和他的小惠比特犬伊莱。)

"我很清楚我是否捕捉到了面前的裸体男人或女人。有时我不能停止。就像那些过热的汽车，当你把引擎关掉它们就会突突乱响。"他说道。从库尔贝那里得到暗示，弗洛伊德创造出了属于自己的独一无二的作品。

9 死亡的暗示

从中年开始,无论是裸体还是死亡都成为弗洛伊德作品的显著特征。而他的绘画总是散发出某种程度的颓废气息,从这个意义上说,在他生命的后半段,弗洛伊德深刻地记录了他自己的衰老过程——以及他母亲的衰老过程,这使他创作出了最有力量的画作。

尽管多年以来弗洛伊德画过很多自画像,无论是素描还是油画,那些他自四十岁开始所绘的作品都显现出一种新的意义,随着时间的流逝,这种新意义愈发明显。镜子显然在意义的创造中扮演着重要角色——尤其是一面五英尺长的乔治亚式镜子,从德拉米尔街20号带出来的,尽管他也使用另一个手持式镜子,但之后的几十年里,他都把它拖到随后来去的每一个画室。

和绘制其他模特儿一样,弗洛伊德绘制自己的肖像也同样毫不手软。"你必须试着把自己描绘成另外一个人。"弗洛伊德向费弗解释。不过,他还是承认,"看镜子是一种压力，直接注视别人则完全没有。"

1963 年，弗洛伊德用镜子创作了三幅相似的自画像，其中两幅他都用手托腮，包括《男子的头部，自画像》(*Man's Head Self-Portrait*)，另一幅更正式，类似于雕塑式的胸像。这些画引发了他创作出迄今最强有力的自画像，著名的《有两个孩子的镜中映像》（1965 年），我先前提到过，它有培根式的视角。

《卢西安·弗洛伊德肖像习作三联画》（1964 年）是培根在前一年完成的，为培根和弗洛伊德之间提供了一个清晰的比较，那时他们关系还很亲近；画中，弗洛伊德红色调的脸经飞驰的笔触变成了三个扭曲的化身。无论他变得多么"大胆"，也无论他最终打破了多少禁忌，弗洛伊德仍然是一个狂热的写实主义者。

这位艺术家不断尝试把两种镜子放在画室的不同地方，得出了有趣的结果。《有手持镜的室内》，*Interior with Hand Mirror*，1967 年）捕捉到了在一个椭圆形镜子里的弗洛伊德细小的头部，似乎是在窗台上保持着平衡，从视觉层面来说，这是一个古怪的构图——镜子与窗口对立。

接着是令人惊讶又充满神秘的《有植物的室内，镜中映像，聆听》（*Interior with Plant, Reflection, Listening*，1967—1968 年）。在这幅画中，一个五官分明且看上去细小的弗洛伊德从枝叶繁茂的棕榈村后向外看，棕榈树和以前的绘画差不多，只是插图感变成了一种心照不宣的叙述方式。

"自画像中偶尔会有一种挑衅又疏离的倾向,通过追光显得瘦骨嶙峋甚至像侏儒。"葛雯这样形容弗洛伊德的自画像,"这是他工作的唯一部分,他强大的征服能力似乎受到操控,转而去强化某种防御性姿态,携裹着某种潜在的敌意和悲伤。"在《小内景》(*Small Interio*,自画像,1968年)中,他的笔下展现了一个相当滑稽的弗洛伊德全身像;在乔治亚式的镜子里,反射出了他的画架,架上则是他刚动手画的女儿伊泽贝尔(昵称为伊卜)的画像。

弗洛伊德在一些自画像中把自己描绘得出人意料的脆弱;而在另一些作品中却要好得多,尤其是在有孩子们形象的画作中。他意外地没有出现在七岁的伊卜令人吃惊的肖像当中,伊卜从腰部以下都赤裸着,在一棵室内的树下睡觉,此作为《大内景,帕丁顿》(*Large Interior, Paddington*,1968年);只有挂在角落的艺术家外套暗示着他游移附近的男子气息。

弗洛伊德的父亲于1970年去世。在他去世的前数个月,这位艺术家为他创作了一幅罕见的、表情严肃的铅笔素描。尽管弗洛伊德从来没有和他的父亲非常亲近,但他在画室的一个抽屉里保存了恩斯特早年的水彩画册子,这原先是由弗洛伊德的母亲仔细保存的。

这段时间里,弗洛伊德开始了一幅细节丰富却又氛围孤寂的画作,即《废弃的房屋》(*Wasteground with Houses*),这是从他的画室窗户看到的建筑物和废弃的垃圾。他非常清楚在他父亲去世后，这幅画更有针对性地表达了衰弱。"我觉得垃圾应该被表现得更准确些；不知何故，我认为垃圾正是这幅画的生命……我痴迷于它产生的随意方式，以及鲜明突出的非永恒性。"他告诉费弗。（他还注意到在紧张和不安的那段时期，他倾向于画"窗外的风景"而非"整天盯着人和身体"。）

1972 年，弗洛伊德又一次搬了家，这一次是位于梅达维尔的托恩盖特路 19 号。在那里弗洛伊德开始创作极为"弗洛伊德化"的东西，这个词表达了最纯粹的精神分析学意义，他开始了一系列关于他母亲的肖像，而她在弗洛德父亲死后曾一度服用过量药物企图自杀，最后一刻被她的姐姐格达救下了。"没有我父亲，她不想再活下去了。这是显而易见的……她留下一张纸条，上面写着：'我要和他在一起了。'"弗洛伊德告诉斯密。

虽然她的自杀被阻止，但露西再也没重燃对生活的希望。为了不再让"她此前的自我阴影"影响她，如卡罗拉·赞特纳所说的，她成为了弗洛伊德满意的模特儿。这是第一次，她鲜明的母性不再令他惊恐。最终，他也能表现得像一个有礼貌的儿子一样了。弗洛伊德唯一知道的方式就是：为她作画。

"我有一个好模特儿。同样，我这样做是为了让她高兴，让她有事可干。"他说。这个系列开始于 1972 年，有规律地持续了八九年，他会在早晨把母亲带来，在餐厅里一起吃早餐,再把她带到自己的画室里为她作画,关于她的最早的作品是她的两幅特写头像。

自他还是个小男孩开始,弗洛伊德就觉得他母亲是一个令人无法忍受的干扰式的存在。"如果我的父亲没有去世,我是绝对不可能去画她的。我开始画她是因为她对我丧失了兴趣;如果她对我还感兴趣,我也就不画她了……她几乎没有注意到我不得不花一生的时间回避她……她的母性是如此强烈又坚定。她偏爱我……从很早开始,她对待我的方式就像我是她唯一的孩子。我厌恶她的关注;我觉得这很可怕。她非常敏锐。她总是原谅我;她会原谅我甚至从来没有做过的事。"他告诉费弗。

很大程度上,露西维持着霸道的(犹太)母亲的刻板形象。"我母亲非常热衷于使我成为一名艺术家,这让我觉得很恶心。"卢西安曾说到。根据 2012 年兰德尔·赖特执导的弗洛伊德纪录片《卢西安·弗洛伊德:绘画人生》(*Lucian Freud*:*Painted Life*),露西曾经囤积她儿子的情书——正如她囤积了他早年的涂鸦和素描一样。(她甚至写信给他的女朋友索要他的信件。)

弗洛伊德也向葛雯坦白,当他很年轻的时候,他的母亲曾经让他给她上画画课,可能是为了激发他的艺术天赋。他后来告诉斯密:"当然,后来每当我想起这个都会脸红。在当时,我并没有意识到她其实只是努力想和我建立越来越多的联系。"卡罗琳·布莱克伍德宣称当弗洛伊德在十几岁的时候,他母亲实际上就已经买下了弗洛伊德的一个小型展览的全部作品。她没有给任何人任何时间去买它们,她占据了他的全部。这是一种真正的侵略,不是吗?他们之间为此产生了可怕的裂痕。只是到了他生命的晚期,他才开始画她——她病重以后。(根据弗洛伊德的说法,她实际上健康状况相当好,只是装作有病。)

弗洛伊德告诉盖伊福德,在帕丁顿的那些日子里,露西会为他留下食物的包装,这是他讨厌的习惯。他对葛雯回忆道:"她曾经是一个相当好斗的女人。她终其一生都是那样,但我很少见到她,我并不想见到她,也不喜欢和她在一起。"

或许从来没有哪一个使人难堪的母子关系被如此过分地——有时候是以一种不可思议的客观的角度——被记录下来。纵然有些评论家将弗洛伊德所绘的母亲肖像视为充满柔情,但布莱克伍德和葛雯却认为它们是"可怕的"。实际上,它们兼而有之。"几年前当我画我母亲的肖像时,我感到我比以前或者从那以后要更难过。"弗洛伊德后来告诉盖伊福德,"我在画她衣服上的卷涡花纹,我记得我很担心自己的难过会进入到卷涡的形状里,我认为事实可能就是如此。"

这并没有阻止他后来在《大内景,W9》(*Large Interior, W 9*,1973年)中将他的母亲与他的一个情人画在一起,这个情人是雅克塔·艾略特(Jacquetta Eliot,露西并不知道她是谁,她却在两年前为露西生了个孙子,名叫弗莱迪)。(两人从来没有坐在一起,雅克塔是后来加上去的。)恋母情结几乎没有出现在这件令人不安的作品中,这是弗洛伊德所绘的母亲肖像系列中最早的作品之一。

画面中,露西穿着土褐色的暗色衣服,坐在一把皮革椅子里,眼睛注视着地面。一个装满暗色颜料的研钵和研磨杵放在宽阔的地上,它的边缘位于椅子下方。露西身后是一个俯卧的裸体,被拉得长长的几乎形成了大宫女[1]的姿势(或者弗洛伊德力求接近这个姿势),她的腰部以上都是裸着的,双臂在头后交叉,眼睛盯着天花板。

他并没有尝试消除图像中显而易见的性意味;人们很想知道露西是怎么做到的。虽然弗洛伊德从不依赖象征,而是更喜欢画"眼前直接呈现的东西",但研钵和研磨杵还是唤起了某种创造——艺术的创造,在这里,研钵盛装着绘画颜料,同样还有阳物式的研磨杵穿透圆形容器中的黑泥所暗示的创造力。

相比之下,这个系列中的另一幅肖像则令人难以忘怀。《艺术家的母亲在阅读》(*The Painter's Mother Reading*,1975年)是一幅露西的半身像,同样穿着暗色衣服,她的脸因为年龄而松弛下垂着,她正在阅读卢西安最喜欢的工具书《埃及历史》。值得注意的是,尽管露西可能并没有意

---

[1] 《大宫女》(La Grande Odalisque),是法国画家安格尔于1814年创作的一幅油画。画面上,裸体的宫女背对画面侧身倚躺在软床上,回眸望着画外,表情沉静、木然,具有古希腊雕塑般的异国情调。

识到它的关联性,弗洛伊德递给母亲的罗塞塔碑,这是他在画作中唯一一画过的一本书。"我让她看着埃及书,但她并没有印象。"他告诉费弗。

从 1976 年到 1977 年,弗洛伊德画了几幅相当微妙或者说情感激烈的作品,他的母亲躺在床上,身穿卷涡印花的居家服;在《休息中的画家母亲 I》(*The Painter's Mother Resting I*)和《II》中,她的手举着放在枕头边,姿势又消极又无助。在《休息中的画家母亲 III》中,她的一只手放在胸口下方;表情显得无可奈何。这些肖像是对人类肉体的脆弱进行的直白观察,其中所表达的弗洛伊德他自身的死亡,与他的母亲一致。

这个系列在《画家的母亲》(*The Painter's Mother*,1982—1984 年)一作上达到了顶峰。弗洛伊德只使用了极简的颜色,他把白发苍苍的母亲画成了一个穿白衣的老妇,背景是简单的褐色和米色。看起来像是一种忏悔(虽然究竟是谁在忏悔并不清楚)。这幅母亲的最后肖像是简单的木炭素描,在她去世后第二天完成,即《画家母亲之死》(*The Painter's Mother Dead*,1989 年)。

"我一直想成为孤儿,成为一个完完全全没有父母的孤儿。"弗洛伊德在几年后说,他还补充道,"幸运的是,我在快乐的环境成长。"然而,他后来又补充道:"母亲说,我开口说的第一个词是'alleine',意思是'一个人'。让我一个人待着,别管我。"

10 绕过礼数

在 50、60 和 70 年代的大部分时间里,弗洛伊德或多或少处于艺术界的雷达之下。波普艺术、光效艺术,抽象表现主义来了又去,弗洛伊德却痴迷于他写实主义的激进样式,以他自己的节奏向前走,从线到空间,从小至大,从压抑的紧张到自信的松弛。"我发现了某件令人兴奋却被人遗忘的事,就是地下工作。"他声称。

1974 年,弗洛伊德在海沃德画廊举办了第一次回顾展,从 1 月 3 号到 3 月 3 号,还有一本约翰·拉塞尔[1]撰写的综合图录的文章。这个展览部分是由著名的批评家大卫·西尔维斯特鼓动的。正如图录的前言中所指出的,虽然弗洛伊德在他十几岁的时候就已经建立了一定的声名,这次回顾展却是将他正式介绍给英国艺术界的公众。展览由英国艺术委员会组织,它在英国的三个城市进行了巡回

---

[1] 约翰·拉塞尔(John Russell, 1919—2008),英国艺术评论家。

展出，分别是布里斯托尔、伯明翰和利兹。

"在万宝路画廊，卢西安被认为是弗朗西斯·培根的某种宠物，被保护在培根的羽翼之下，他的作品还被卖给了一群特别的人。"安东尼·德奥弗[1]指出，他在1970年至80年代理了弗洛伊德的作品，"随后，在海德沃画廊弗洛伊德才开始崭露头角，这是他自己第一次被人真正视为画家。"

数篇评论都拿他的全部作品与爱德华·蒙克的进行比较，蒙克的作品就在画廊下面的楼层里进行展览。保罗·奥弗里[2]在《伦敦时报》上写道："几乎没有在世的艺术家可以与爱德华·蒙克进行楼上楼下的同时展出。弗洛伊德做到了。"奥弗里称《大内景，W9》（有弗洛伊德母亲和雅克塔的那幅）为"一个非凡的成就……我怀疑现在英国是否还有其他艺术家可以与之媲美"。

所有的评论都提到了弗洛伊德作品中的某种黑暗。"弗洛伊德对不快乐的人有敏锐的洞察力。"彼得·斯通在《犹太纪事报》（the Jewish Chronicle）上写道："压抑的痛苦以及年龄带来的不安都在这里，在这些纯粹的自传式作品当中……"

彼得·富勒[3]在《鉴赏家》（Connoisseur）杂志则运用

---

[1] 安东尼·德奥弗（Anthony d'Offay，1940—），英国艺术品经销商、收藏家和策展人。
[2] 保罗·奥弗里（Paul Overy，1940— ），艺术史家和艺术批评家。
[3] 彼得·富勒（Peter Fuller，1947—1990），英国艺术批评家、杂志编辑。

了更具精神分析的词汇来描述。"他看到的东西总是具有威胁性,还有一种幽闭、恐怖、梦魇般的焦虑。"富勒写道,他聚焦于弗洛伊德作品中的一个至关重要的方面:移情的能力,这发生在绘画的过程当中,弗洛伊德本人称之为"交互作用"。"我们得出结论,认为他在周围看到的焦虑——这是他所画的所有人物肖像的共同特征——与其说源于他所看到的,不如说源于他把自己的内心投射到他的所见之物身上——他自己内心的痛苦他并不愿意去直面。矛盾的是,弗洛伊德的这两种明显对立的特质——对另一半,也就是客体即他自己以外的物体不屈不挠的搜寻——注入了他自己不可克服的恐惧,这正是为他的作品营造出的可怖的紧张和压力……"

1975年,弗洛伊德画了他最亲密的朋友之一,这是除培根以外他所敬重的一位当代艺术家:弗兰克·奥尔巴赫,相当英俊的男子,弗洛伊德和培根第一次见他是在苏荷俱乐部。弗洛伊德将他的朋友画成一个目光向下,前额可以进行雕塑般研究的男子。"卢西安·弗洛伊德在他的画中所画的人类前额比你在整个绘画史中收集到的还要多。"葛雯后来写道。在坐了长达三个小时之后,奥尔巴赫后来发现了弗洛伊德严格的检视:"我在思考卢西安对于他自己主观的关注。如果他全神贯注的兴趣一旦有所动摇,他就会从钢丝上跌落。他并没有礼数方面的安全网。"

1976年,居住在伦敦并在整个1960年代在斯莱德学校任教的美国艺术家 R. B. 基塔伊，在海沃德画廊组织了一个展览，名为"人类躯体"（这是来自奥登诗中的一个短语），展览中的画家是他认为属于他所谓的"伦敦学派"的那些人，"伦敦学派"这个词也是他为这个展览创造的。这个展览由英国艺术委员会赞助，其中包含了 35 名画家，所有画家都把注意力集中在人体上。具象绘画[1]在 20 世纪 60 年代的美国又重获流行，最初是 60 年代波普艺术的出现；像查克·克洛斯[2]这样的艺术家已经确保肖像画正在卷土重来。爱丽丝·尼尔[3]，以其尖锐的心理研究而著名——经常裸体——1974 年在惠特尼美术馆举办了第一次回顾展。

展览名录上有许多弗洛伊德在殖民地屋时的朋友：奥尔巴赫、培根、迈克尔·安德鲁斯，还有大卫·霍克尼[4]、莱昂·科索夫[5]、亨利·摩尔[6]（弗洛伊德憎恶的一位多愁善感的艺术家），还有基塔伊本人。正如他在展览介绍中所写的："别听那些傻瓜们所说的人们的画像毫无意义，或者

---

1 具象绘画是当时由毕费（Gernard Buffet）在内的一个团体——"目击者"所发起的。他们放弃野兽派对色彩的执着，而着重于对"人的本能"的研究与发展。
2 查克·克洛斯（Chuck Close, 1940— ），美国照相写实主义画家、摄影师。
3 爱丽丝·尼尔（Alice Neel, 1900—1984），美国画家，以肖像而闻名，作品具有表现主义色彩。
4 大卫·霍克尼（Leon Kossoff, 1937— ），被称为"最著名的英国在世画家"，同时也是版画家、舞台设计师、摄影师等。他的作品几乎包括所有可以使用到的媒材，包括油画、水彩、摄影、印刷版画，直至时代最前沿的科技。
5 莱昂·科索夫（Leon Kossoff, 1926— ），英国具象画家，擅长肖像和伦敦的城市景观等。
6 亨利·摩尔（Henry Moore, 1898—1986），英国雕塑家，以大型铸铜雕塑和大理石雕塑而闻名。

他们所说的绘画将要终结。……最重要的是，在这座小岛上，艺术的个性独特而有力，我认为比美国令人震撼的活力以外的世界上任何其他地方都要多……如果你在这里遇到一些奇异而迷人的个性被给予了国际主义者的部分关注和鼓励，它们在这个贫瘠的时代被偏狭的和正统的先锋主义所保留，那么'伦敦学派'也可能会变得比我曾在我的脑海中所理解的更真实。"

尽管艺术家们大多否认了这一标签，但"伦敦学派"这个词却留了下来（而且弗洛伊德还与它的联系并不大）。但对它的成员而言，"伦敦学派"并不一定代表直接的艺术或财务上的成功。弗洛伊德几乎是勉强维持着。安妮·弗洛伊德回忆那段日子以来经济方面"非常可怕"。艺术家告诉约翰·葛雯（他开车去了在帕丁顿的画室，葛雯认定他开的是劳斯莱斯银云），当西格蒙德·弗洛伊德去世以后，他的孙子们平均继承了他相当可观的年度版税。然而弗洛伊德赌博成性，艺术家向马丁·盖伊福德承认他经历了一段困难时期。

"我的画不卖。我有一个经销商，但他们既没有卖我的作品也没有展出它们。突然，我发现我没有收入了。"弗洛伊德在万宝路画廊的最后一次展览是 1968 年；他在 1972 年离开画廊，接下来的十年里，他由安东尼·德奥弗和詹姆斯·柯克曼（他一直在万宝路）代理，此后，柯克曼则独自代理他的作品直到 1992 年。

根据柯克曼的说法,"西格蒙德·弗洛伊德的遗产版税并不太多。卢西安住在一套公寓里,这种公寓大多数人称其为'茅舍'。当他拥有一辆劳斯莱斯或者宾利时,它们总是破破烂烂的,还是二手的。当你出售他的作品时,你并没有太多图书或者目录来推动。卢西安所有的作品都很难售出。他的画可能会卖到1000英镑,他一年大约会画6幅画。由于赌博,他总是急需钱。"

葛雯惊讶地看到弗洛伊德简朴的画室,位于一个破旧的建筑里,门铃上既没有地址也没有名字。"两个小房间,每个房间里都有一张床,一个画架,一张画桌和一两把椅子。"弗洛伊德解释说一个房间用来白天画画,另一个则用来晚上画画。作为一个只需要极少睡眠的人,弗洛伊德数年以来都一直在晚上作画;积年累月,他形成了一种管理严格的夜以继日的工作模式,这种模式在他下一个位于荷兰公园的画室里发挥到了极致,并且一直持续到他离世。他对于既没有街道地址又没有电话感到极为自豪。如果有人想要联系他,他们就只得去找他或者发一封电报,甚至让他的孩子们送电报。

随着他的各个孩子逐渐长大,弗洛伊德与他们的关系更紧密了些,至少其中一部分是这样的。在70年代中期和80年代中期之间,他会有规律地画他的女儿们,安妮、安娜贝尔、罗斯、贝拉、埃丝特、苏茜和伊卜,穿衣服的和裸体的。还有两种兼有的情况,既怀孕又裸体;他怀孕的长女安妮就在《安妮和爱丽丝》（*Annie and Alice*，1975年）中被画成了裸体的；全身、正面、怀着孕的裸体安娜贝尔则出现在《裸体肖像 II》（*Naked Portrait II*，1980—81年）中。他也画他的儿子阿里。和他的其他画像不同，他的孩子们的画像（通常）是被命了名的。

"我只画那些离我很亲近的人。还有谁比我的孩子们和我更亲近？如果我觉得画他们很奇怪，我就绝对不会这样做了。"弗洛伊德向约翰·理查森解释道："对我来说，画裸体的人们时根本不会管他们是否是情人、孩子还是朋友，其中从来没有任何色情的情境。模特儿和我都全神贯注于绘画当中而不是色情当中。那些不是画家的人是无法理解的。此外，一个人的裸体会激发你的思考——你甚至可以称之为骑士精神——对我而言以画孩子们为例，这出自于一个父亲和一个画家的思考。我画他们完全不存在问题。我并没有觉得他们给了我压力。"

尽管如此，情况仍然会出现反常（虽然在摄影方面存在不少例子，诸如莎丽·曼[1]拍摄她孩子的裸体）。除了爱丽丝·尼尔在1963年画了她怀孕的儿媳南希，弗洛伊德可能是唯一这样做的画家。在1991年的采访中，弗洛伊德告诉李·鲍厄里："我并不以女儿们的裸体为耻。"

虽然弗洛伊德说过，这种画家—模特儿的关系中没有

---

[1] 莎丽·曼（Sally Mann，1951— ），美国女摄影师，前期以拍摄自己与朋友们孩子的黑白作品著称，近期作品以黑暗阴郁的风景为主。

任何色情成分，但对于他的大多数女性模特儿来说情况并不如此，这些女性有些成了他的情人，在某些情况下，还成了他孩子的母亲。事实上，安妮指出有些肖像似乎画的是发生性关系后的模特儿，比如"一些雅克塔的令人吃惊的裸体像，还有关于佩妮·卡思伯森著名的绘画，都是影响不好的丑闻。它们看起来像是在做爱过程中画的。"

在他与模特儿的工作关系中，弗洛伊德说过："画作总是在与他们的合作中进行得很好。"然而，他承认当模特儿裸体摆姿势时，风险是很大的。"当然，画裸体的问题在于裸体作品加深了相互的影响。"

在2009年的一次和策展人迈克尔·奥平的长访谈中，弗洛伊德阐述道："所有的肖像对我来说都很难。但是一个裸体则提出了不同的挑战。当一个人赤身露体的时候，实际上没有什么可以隐藏的了。可以说是你被剥去了衣服。并不是每个人都敢于诚实地直面自己。那就意味着，在我表现他们诚实的同时，我也有义务保持同样的诚实。这是一个责任问题。我并不想成为一个哲学家，我更像是个写实主义者。我只是试图去观察和了解那些组成了我生活的人们。我认为我的绘画就是一幅连续的集体肖像。"弗洛伊德解释说，画家庭成员"更容易，因为他们对我而言更'近水楼台'"。

弗洛伊德的女儿们在镜头前讲述了为她们的父亲摆姿势的这段经历——有裸体的，也有不裸体的。这是一个在卢西安身上获得好处的有效办法,那就是接受他的身份(正如埃丝特在2004年的纪录片中所说)。伊泽贝尔简洁地评论道:"摆姿势是和我父亲建立关系的一种方式。"(不过,还是个孩子时,她厌恶"在星期天从家里尖叫哭泣着被拖出来,也根本不想坐下来给他画"。)孝顺的裸体就像他的女儿们一样,有着不同寻常的光环。

在《安妮和爱丽丝》中,安妮(在15岁的时候也被画过裸体:《笑着的裸体孩童》)置于前景,她怀孕的肚子凸出,脸上有点忧虑,而那位女性朋友爱丽丝则睡在她身后,一只手放在安妮的旁边。这幅画传达了一种亲密而非色情的感受,虽然这两个女性之间的关系没有被明确指出。"她是我父亲的一个好朋友,但超过这些我是不会说的,她是我们两人的朋友。那是完全舒服的状态。因为两个女孩裸体在一起,人们都会'噢,噢'发表一通,但不过是两个女性没有穿衣服躺在床上,她们是朋友,其中一个怀孕。其余的就是凭空捏造了。"

安妮生动地回忆起她为《笑着的裸体孩童》当模特儿的情形:"我们玩得很开心,总是在笑。他经常住在那些有老鼠的地方,那儿可以听到老鼠在墙后发出的吱吱声,我们用昵称来称呼彼此,也为物品起名字。我对'交互作用的深化'这个短评很有兴趣,对我来说它值得讨论。因为它与力量有关。我改变了对性的看法。我并不是说我忽视它。我将它置于一种情境当中,在这里个人的力量才是真正的问题。这就是我感受的事实所在。我无法代表别人的意见，这远非一件易事。另一方面，如果他只画其他女人的裸体而不画自己女儿的裸体，那倒是有点奇怪了。这就像是在说它对某些人是可以的，而对另一些人则不可以，那就会以某种方式污化它。"裸体摆姿势确实意味着（即使是无意识的）某种程度的亲密，她同意，"尽管它从来、从未被提及，它却经常出现在我的脑海里"。

尽管如此，这段经历还是带来了剧烈的不适。"在某种程度上，我确实有一种羞怯和焦虑，不是因为有任何真正不正当的成分，这从来、从来没有发生过，只是因为你的乳头裸露在外，有人看着它们。我记得有一次很特别，我把头发放在前面盖住乳头，他就把画笔伸到前面，把我的头发拨到肩膀后面去了，那并不那么容易接受。"

安妮的母亲凯蒂却不接受。"当我母亲发现我坐着当模特儿，没有穿衣服，她就写信给他，信送到他那儿的时候我也在场。那真的非常非常不舒服，因为我并不希望我的母亲反对。你可以想象一下。这封信是一种批评，而且她说她为我担心，说那些事对我不好，如此等等。我父亲笑了，他说如果雅各布·爱泼斯坦（这位著名雕塑家是凯蒂的父亲）能读到这封信，他会在坟墓里翻身的。"

《伊卜》（*Ib*，1977—1978年）展现了弗洛伊德16岁的女儿苏济·博伊特，她坐在一张棕色的沙发上，摆出一副相对温和的姿势，双腿弯曲到一边。在《罗斯》（*Rose*,

1978—1979年)当中,情况就不同了,罗斯是伊卜的姐姐,大约19岁,这是一幅更直白清晰的裸体。她的一个膝盖急剧弯曲,更暴露了她的阴部。这是一幅质朴且肉感的作品,她丢在床下的鞋子传达了一种少许不正当的感觉——像是一个情妇而非女儿。然而,正像是弗洛伊德所画的所有裸体,其中都有一种强烈的超然气息。

罗斯当时住在她父亲画室附近的街角,她会定期来看望他(她的父亲和男友帮她付房租),她说她很为这幅画感到自豪。"我认为这是一幅伟大的杰作……我当然没有什么遗憾的,不过我也不会说明天我还会这么做——如果我还是19岁的话,我也许会这么做。给他当模特儿的那段时间里发生的事令人惊讶。可能在表面之下存在着激烈的冲突——或许其中的一些已经呈现在表面了。"

她的脚跟卡住了大腿,这种不舒服的姿势并没有减轻紧张,弗洛伊德捕捉到了她的恼怒。但她的姿势是经过了深思熟虑的选择。"我不想营造出一种软绵绵的感觉。我想要立马采取行动,所以我让自己的姿势看起来有点防守,也有一点攻击性。我本可以非常、非常、非常生气,但我没有,我本来会突然站起来说:'看,去你的,我再也不当模特儿了,或者说,当我需要你的时候你在哪里,你这混蛋?'诸如此类的话。我想他可能有点担心我会突然跳起来抗议。我不会试图假装这样摆姿势很简单,不管发生了什么,一丝不挂的事实对我而言并不会更复杂。如果我不是她的女儿……但我就是他的女儿,这意味着人们立刻就会想到,因为他是西格蒙德·弗洛伊德的孙子,所以我们一定有俄狄浦斯情结。在我看来,一旦有人开始这样想,对话就变得毫无意义了。"

弗洛伊德或多或少驳斥了认为父亲画裸体女儿是不合时宜的亲密行为的观念。"画我的女儿是和她在一起的一种方式。"他谈到罗斯的肖像时说,"她选择了裸体坐着,而且她找到了一个可以让她放松的姿势"。(这并不完全是罗斯的观点。)"当我沉浸在画一个人的过程当中,我就会忘记他们和我之间的关系,只把他们视做一个存在,一个动物。我对他们作为动物的自然性很感兴趣,如果你能明白我的意思的话。"

《埃丝特》(*Esther*,1980年)画上是一名直面观众的裸女,这位小说家坐在沙发上,她的头极力偏向一边。她回忆了这幅画的创作过程:"当我第一次当他的模特儿时,我一走进画室就意识到周围全是巨幅裸体女子画像,于是我脱下衣服坐在沙发上。我父亲曾说:'哦,我的女儿们,这没有什么可羞耻的。'我们从不感到羞耻。我从来没有那样觉得。"

在《裸体肖像II》(*Naked Portrait II*,1980—1981年)中,弗洛伊德和凯蒂所生的二女儿安娜贝尔被画成怀孕并且在沙发上熟睡的样子。这幅画的细节不吝笔墨,从她浮肿的胸脯到膨胀的肚子上的红晕;第二天她就分娩了。(马丁·菲勒在《名利场》形容这幅画为"父权的关注令人费解"。)正如葛雯相当夸张地写道:"孕期已满,其高潮就在于花朵孕育的累累果实已经成熟……"

弗洛伊德为女儿们所画的着衣肖像则相当温柔。《安娜贝尔睡着了》(*Annabel Sleeping*,1978—1979 年)从背部表现,她只是简单地穿着一件淡蓝色的睡袍,脚光着。她侧身而睡,面对一堆画出来的破布,看上去像是泡沫的波浪。

《贝拉》(*Bella*,1980 年)是他女儿的一个特写镜头。她睡着了,着一件黑色的衣服,上面有绣花的领,嘴微微张开;1981 年的一个版本表现的距离很远,穿着同样的衣服,双臂交叉放在胸前;画中有一种平静。"我 16 岁时离开家搬到伦敦,很快就开始为父亲做模特儿,在此后的八年,我不断地坐着或躺着。我穿着这件绣花的黑裙子,父亲立刻喜欢上了它,于是很快为它作了两幅画。我记不得我是什么时候裸体了,但我想肯定是在那之后。"她在奥尔巴赫的纪录片中回忆道。

"每当我去给他当模特儿,无论我有多烦恼,我总是感到我能把烦恼都抛在门外,这是一种解脱,你知道作为一个躁动不安的青少年,能够稍稍停止躁动,真是不可思议。他会创造出一种很美好的氛围,而且非常体贴,那儿总是很舒服,很温暖,还有许多可爱的食物,有时我们还会出去。他会让这儿变得非常美好,而对每个人来说又是特别的,所以他总会得到我们最大限度的配合,同时还有享受。"

在兰德尔·赖特 2012 年的纪录片《卢西安·弗洛伊德：绘画人生》中，贝拉谈到了裸体："我被画了两幅画，此前我从未被画过任何裸体，后来我想那是他喜欢的，所以我也就试了一试，当我一开始这样做，我就感觉还不赖。没什么奇怪的感觉。"

《埃丝特》（1982—1983 年）中，埃丝特的头靠着枕头，眼睛睁得大大的。"对我来说，不可思议的是我的手臂仍然还是我的手臂。那正是我手臂的形状。我记得我当时对这幅画有一点小失望。我想成为一个大美人，但在画上，我还是我自己。我确实认为我在画中看起来体型硕大，但我实际上很小巧。我说：'我没那么大。'他说：'那只是你认为的。'我总是喜欢那样……他并没有尝试画我的形象。他只是在画我是谁"。

正如葛雯准确观察到的，弗洛伊德从来就没有关心过什么是或者什么不是禁忌。穿不穿衣服和弗洛伊德所画的女儿们的肖像都是自成一体的，正如罗伯特·休斯所写的，以某种方法"绕过礼数，同时保持尊重"。

11 新观点

1977 年末,弗洛伊德搬到了一个新画室,位于高档的荷兰公园的顶层空间,但他仍然保留了诺丁山的画室。搬进来之前,他安装了一个天窗。"看着光线照在人们身上,是我极为喜爱的事。"他告诉费弗。此外,他布置了一些植物就开始画《两株植物》(*Two Plants*,1977—1980 年)了,这幅画后来成为了关于他的第一本专著封面,由劳伦斯·葛雯所撰写,泰晤士与哈德森公司于 1982 年出版。"我想拥有一种真正有关生命过程的感受,万物生长或凋零,树叶繁殖或枯萎。"他说。

弗洛伊德还画了两幅并不常见的男性裸体画。第一幅《抓着老鼠的裸体男人》(*Naked Man with Rat*,1977—1978 年)中,一个长头发的男子躺在沙发上,手上抓着一只老鼠。老鼠细长的、充满暗示性的尾巴延伸到男子的大腿内侧,和他的生殖器挨得很近,形状相仿,看起来像是奇怪的真实存在物。(老鼠是他朋友凯蒂·麦克尤恩的,她养着日本实验室的老鼠。)"对于弗洛伊德而言,阴茎和尾巴只不过是不同类型的附件。"迈克尔·奥平后来在国家肖像馆2012年举办的弗洛伊德回顾展的目录中作了如是观察。

这从来都不是评论家们的心头所好。"对于他的故事里所有奇怪的东西，我们对抓着老鼠的人毫无兴趣。"查尔斯·达文特在《独立报》上写道："事实上，我们无法对他感兴趣。信息量太多，就他的生殖器而言——那个抓着老鼠的人，我们对他一无所知，而且也无从知道。这是幅肖像画吗？我有自己的疑惑。或许把弗洛伊德想成一个静物画家（或者更具体地说，自然写生）更合适，他只是碰巧画了人的身体，而非苹果或者梨。"

在第二幅画像中，同样的人被画成了裸体。此作开始于1978年，完成于1980年，画中的男人和他的情人穿着睡衣。他们的姿势相当放松；这个年轻的裸体男子弯着左膝，舒服地靠在较年长的情人的左腿上，他情人的左腿又延伸到年轻男子右边的大腿那里。他们双眼紧闭。交缠的腿和年轻男子的手放在年长的脚踝上，动作轻柔。画作中并无淫邪之感，而是在描绘一对相处日久的情人依然深深相爱。

弗洛伊德本人则刚刚开始了一段新恋情。他和雅克塔·艾略特的关系已经持续了好几年，此时开始瓦解。他们在一起的时候，他为她画了许多充满力量的裸体，包括《小的裸体肖像》（*Small Naked Portrait*，1975年）。这段关系结束的信号则表现在为她作的最后一幅画《最后的肖像》

(*Last Portrait*,1976—1977 年）中，在画面里，她的穿着很朴素。

正如弗洛伊德的大女儿安妮所说的，艾略特是一个有"许多，许多，许多，许多"头衔的女士，弗洛伊德与她相交多年，她后来回忆这位艺术家像是"充了电，和他有关的一切都像是充了电。比如他走进房间的样子，他呼吸的方式。他的呼吸像一只兴奋的动物。他充满了动物的野心，想做什么就做什么"。他的吸引力是多方面的：弗洛伊德是"有趣又聪明，热情的、迫切的，极有亲和力"。她还提到了在画室的乐趣，包括"在肮脏的地板上喝香槟"。

雅克塔在她的婚姻生活中时常能找到一个不错的避难所，但随着时间的推移，他们在一起的时间变得越来越紧张。"有时候我极其厌恶当模特儿，有时候我又很高兴能离开家庭生活去那里放松，做一些我来说有意义的事情。但有时……我想放弃，离开房间，这又很难。我们放弃了几幅画，因为实在太难画了。那时，我们正在走向崩溃。许多书在房间乱飞。我们分手过多次，就是在我们其中的一次分手期间发生的。"最终，困难得到了解决。

约翰·理查森关于弗洛伊德许多有情妇之名的女性提出了一个有趣的理论："我认为他必须把自己重塑为一个英国人，他想把自己改造成一个有社会地位的英国人。并且我还认为他喜欢传统英国人的生活方式。他热爱乡村生活并且对它们极为适应。我并不认为这是普通意义上的势利。

"我的意思是，他也利用了一个事实，那就是英国上流社会的男性或贵族愿意充当糟糕的丈夫，他们不忠，醉醺醺，对大男子气概的运动和生活更有兴趣。和所谓的'小妇人——有名分的或没名分的——过着糟糕的日子'。我认为卢西安利用了这种状况。在这儿，性感迷人的美女令人神魂颠倒，为神秘的画家提供了灵感，于是他进入到这种生活，迅速坠入爱河。"

弗洛伊德总是在英国的社会阶层中不断游移。他的生活圈子涵盖了从帕丁顿最贫穷的邻居到英格兰最富有的社区。他交的朋友和情人包括了上流阶级和下层社会，这都让他臭名昭著。正如马丁·菲勒在《名利场》中观察的："弗洛伊德在他的生活中有一个不限阶层的女性圈子，从最强势的贵族到最柔弱的流浪儿。"在这个圈子里，他还会增添漂亮的艺术生。弗洛伊德的后面一段恋情是和一个年轻的女子展开的，她比他的几个女儿都还要小，名叫西莉亚·保罗。1977年，当弗洛伊德在斯莱德艺术学院首次见到她时，只有18岁。

保罗在奥尔巴赫的纪录片中回忆起某一刻所创造出的一幅相当浪漫的景象，但几乎都是陈词滥调。"他来到写生画室，非常紧张，而且对躺在地板上的模特儿投去了紧张的一瞥，他穿着一件漂亮的灰色套装和一件淡灰色的衬衫，抽着一支法国香烟，非常非常有魅力。"尽管他气场强大，保罗仍然鼓起勇气请求他看看她的画。弗洛伊德很不坦诚。

"他后来告诉我,他来斯莱德是为了找一个女孩,而那个女孩正是我。所以我想他一定是来斯莱德寻找某人。"

弗洛伊德把她带回画室,给她看了一幅《两株植物》(*Two Plants*)。"我以为他想要在那儿引诱我,但后来什么也没发生。我是在一个宗教家庭里长大的,从没和任何男孩发生过性关系。我对他的好色成性深感不安。"

弗洛伊德和保罗并没有立即成为恋人。直到他画了她好几年之后他们才在一起。"我记得我为《裸体女孩和鸡蛋》(*Naked Girl with Egg*,1980—81年)当模特儿的情景。我对此感到相当相当不高兴。它的感觉非常像我。我有点痛苦,就像这样。我认为这是一幅非常无情的画……我知道我以前总是哭,实际上他对此很宽和,但他的画却是关于真相。说出真相的唯一方法,就是专注于此而不是远离它……我是一个相当害羞的年轻女人,感到一切都被暴露了,我躺在那儿,他站得离我很近,彻底地检视我,这让我感觉自己很不完美,他的审视不带任何感情,就像我是躺在手术台上一样。"这是一件不同寻常的作品,金发美女保罗有点让人想起卡罗琳·布莱克伍德躺在一张深色的床上,她的脸很柔嫩,五官小巧,硕大的乳房垂到一边,蜷缩着。她右膝附近的圆桌子边缘放着一个小锅,煮得熟透的鸡蛋被一切两半,蛋黄呼应着她的乳头。

他们的关系几个月后就结束了,但保罗一直都知道弗洛伊德并非只有一个伴侣。尽管如此,这种关系还是一直持续到 20 世纪 80 年代末。1985 年,当弗洛伊德画了《穿条纹睡衣的女孩》(*Girl in a Striped Nightshirt*),保罗正怀着他们的儿子弗兰克,这是弗洛伊德最小的孩子。"我喜欢穿条纹睡衣那幅画中的我,一部分原因是因为当时我怀孕了,所以这是对我们亲密关系的一种记录,我认为你可以从中看出他爱我。那里似乎有一些格外温柔的东西。"保罗谈及那幅画说,"那时候卢西安和我非常亲密,我母亲因为父亲的去世而极度悲伤。我想生个孩子,好让她为了某人继续生活下去。同样也因为我非常喜欢卢西安,他爱我,他也想让我们有孩子。"

虽然保罗在儿子出生数周后就离开了在剑桥的儿子和母亲,弗洛伊德显然觉得西莉亚·保罗是有意疏远他。在完成于 1986 至 1987 年的《画家和模特儿》(*Painter and Model*)中,有一种不同寻常的感觉。它与弗洛伊德从前画的任何一幅画都很不同,画中西莉亚·保罗穿着一件沾满颜料的衣服,她的手有目的地抓着类似生殖器的刷子,一只脚光着,踩烂了管子,颜料从管子里流出来。在她面前,一个裸体男人躺在棕色的皮沙发上,他的生殖器完全暴露在她的目光之下;这是一种全然的角色转换。

她在兰德尔·赖特的纪录片中自豪地谈到它。"我是画家,我站在一个强有力的位置上,对我来说有趣的是,这是他给我画的最后一幅画。作为一个画家,我变得更有野心了,我正在为在伦敦的第一个个展作准备,在我生下儿子弗兰克之前,我也曾在伦敦生活过几年,我认为卢西安在这幅画中对我的感觉很矛盾。我举着一个非常尖锐的笔刷站在一根正在流出颜料的管子上。笔刷和流出的颜料是某种性的象征。我突然之间感到我既成为了爱人,又成了一个雄心勃勃的画家,他把我放在一个不同的位置,我不再是那个躺在床上性感撩人的形象……"

正如约翰·理查森在同一部纪录片中所说的那样:"对于卢西安而言,这幅画就像是在做爱。应该说他的创造力正类似于做爱。性行为以及智力行为或其他你所能形容的绘画,在某种程度上是可以互换的。我认为他可以毫不费力地将性幻想变成绘画,把绘画变成性幻想。我认为他的两种感官在绘画的过程中纠合到了一起。"

12 表现肉体

1981年,弗洛伊德参与了在皇家美术学院举办的名为"绘画中的新精神"的展览,展览把弗洛伊德、培根、基塔伊和奥尔巴赫等人作为新的具象表现绘画派的创始人。那年10月,他在安东尼·德奥弗画廊举办了一次名为《卢西安·弗洛伊德》的展览,里面包括了他的21幅作品。

1982年,泰晤士与哈德森公司出版了劳伦斯·葛雯关于弗洛伊德的理论专著。除了普通版本,还出版了100本豪华版,在25个不同的版本中,每一本都有四幅版画原作中的一幅。从他的童年开始追溯他的整个艺术轨迹,弗洛伊德被定义为现代大师。根据詹姆斯·柯克曼的说法,这本专著让弗洛伊德的艺术可信度提升到了新的水平。"葛雯的书非常具有洞察力,制作也很精美。"他说,"这是关于他作品的第一本真正的书。"

部分原因是因为想要在新书中加入蚀刻版画,弗洛伊德在三十多年里第一次回归到这种艺术形式。1982年,他制作了 15 件版画，包括他的两本传记作家葛雯。他在此后的余生中一直制作版画。弗洛伊德作为一名绘图员的技能在他的版画中得以展现，在版画中，他传达了油画中所缺乏的温暖。

在 1981 年至 1982 年，从没缺少过上流社会朋友的弗洛伊德像平常一样，由于需要钱，他接受了为提森男爵[1]画肖像的委托。在两个警卫的护卫之下，男爵飞赴弗洛伊德在荷兰公园的画室达六次之多。弗洛伊德在墙上钉了一张来自于男爵著名的收藏（提森-波涅米萨收藏馆）中的获奖绘画的照片，这是华托的《快乐的丑角》（*Pierrot Content*），这张照片被挂在他身后的墙上。参照了即兴喜剧演员的多情善妒（提森男爵是个完美的花花公子），它并没有被男爵遗忘——也没有被批评家遗忘。

《男人的肖像》（*Portrait of a Man*，1981—82 年）是对男爵仪表堂堂的头部和肩部做了特写，他的脸和丑角还有一个演奏曼陀林的女子并置。（弗洛伊德后来又画了第二个版本，这是男爵的全身肖像《坐在椅子里的男人》（*Man in a Chair*，1983—1985 年），画中，他的双手在大腿上摊开，一堆破画布在他身边。）

接下来的一年里，华托[2]画中的背景被移到了前景里，

---

[1] 提森男爵（Thyssen，1921—2002），荷兰裔瑞士公民，长期居住在西班牙，是著名实业家和艺术品收藏家。
[2] 华托（Jean-Antoine Watteau，1684—1721），法国画家，洛可可风格的代表人物之一，代表作有《舟发西苔岛》《小丑吉尔》等。

以此作为弗洛伊德接下来的作品的主题：《大内景W11》（仿自华托）。弗洛伊德的画有一部份基于华托的绘画，但并没有使用丑角的形象，弗洛伊德把他现实生活中的密友分了组：两个情人和两个孩子，西莉亚·保罗、贝拉、苏济·博伊特和他的儿子凯，弗洛伊德甚至认为他是继子。第五个孩子斯达正如弗洛伊德所说，是租来的。

画室的布置暴露无遗——展现摆设和布置的戏剧性背后真实的戏剧性——包括一个水槽，它有一个故意放水的龙头模仿着喷泉。尽管受到许多批评家的高度评价，但是当它在1983年首次面世的时候却没有受到广泛赞赏。一个批评家诟病画中描绘了"肮脏的房间"和"肮脏的洗涤槽"，他写道："卢西安·弗洛伊德被严重高估了，这幅画更证实了我的观点。"

这是弗洛伊德所有作品中最做作和最"矫情"的，似乎是弗洛伊德的一种尝试，他痴迷于"使他的每一段关系和每一段生活都保持独立"，西莉亚这样说，他把那些不同的线聚集在一起，在画面上创造出一个合成的家庭，自我意识在艺术史的词汇中被框定，他的画室则像是一种舞台。没有什么是真实的，包括大多数模特儿在画完最初的草图后都是被分开摆姿势或者两个摆在一起。弗洛伊德自己将此描述为"我最近所做的事是铸造人，而不是在画他们。但它们仍然是肖像画，真的，人们只要彼此靠近就会受到他人影响，不管在什么程度上。"

但是，这些模特儿感到——事实上——他们明显是被分开的。贝拉在 2012 年的纪录片中回忆："为那幅画坐下来当模特儿是相当难的，因为直直地坐着，还要拿着可怕的曼陀林，这令人感到相当不舒服，另外要穿着极不舒服的裙子，上面布满金线，带着刺痛感。当我们在一起的时候，各种人身上的体热也极不舒服。但后来他完成了草图，给我们安排了位置，有时两个人，有时就只有我独自一人。"

这件作品与艺术家一贯的做法大相径庭。正如西莉亚·保罗所说的："当他与一个人在一起的时候，没有人对他来说是重要的。我认为在一幅画中，要画许多在他生命中很重要的人是他所面临的挑战。但画中有趣的是，我只和贝拉坐在一起。我从没和画中的其他人物坐在一起过。所以我认为它传达了一种极忧郁的感受……所有的个体在他们自己的内心里都是被孤立的。"

"我是纽带，我是关联。"弗洛伊德告诉费弗，他把这幅画称为"弗洛伊德的伟大画室作品"，这是 20 世纪晚期的一项艺术壮举。"它如此辉煌的原因正在于这些模特儿各不相同的紧张情绪。整个绘画中有一种人们并不太喜欢的感受，但它们却是不能被割舍的。当然，整幅画的焦点是卢西安自己。他们在那儿正是因为卢西安。"

在 20 世纪 80 年代中后期，弗洛伊德的名声渐长，部分原因是在欧美国家，人们对具象绘画重新产生了兴趣，这也因为弗洛伊德本人到了更大的舞台上发挥。德奥弗说："卢西安周围不再尽是些小俱乐部了。他能被看作是一个伟大的英国艺术家，作品可以卖给博物馆和收藏家了。"

就像柯克曼在2012年的纪录片里所说的："卢西安的绘画和他的野心在80年代不断发展，我认为对他来说，事情开始有了些微的进展。他有一个不错的画室，开始品尝了一些成功，他在经济上已经非常富裕了，我想可能他变得稍微有点亲切了……当然也变得更高产了。"直到那时，因为他费时的绘画过程，弗洛伊德一年只画了几件作品，根据柯克曼所说，如果它们每件能卖1000磅那就太幸运了。因为他总是缺钱，他并没有把画委托给他的经销商：他坚持所有的作品都必须直接从他手里购买，对于任何经销商或者画廊而言，这都是不同寻常且极为昂贵的风险投资。

1985年，弗洛伊德被授予了荣誉勋章，他接受了这个荣誉，尽管在1977年他拒绝了大英帝国勋章，而培根也同样拒绝了。1986年，国家美术馆请他从他们的收藏中策划了一个展览，名为"艺术家之眼"。他挑选了25件作品，包括哈尔斯、委拉斯开兹[1]、夏尔丹[2]、修拉[3]、安格尔、

---

[1] 委拉斯开兹（Velazquez, 1599—1660），西班牙17世纪最伟大的画家，代表作有《宫娥》《阿拉喀涅的寓言》《教皇英诺森十世》等。
[2] 夏尔丹（Chardin, 1699—1779），法国画家，在18世纪罗可可风格盛行时独树一帜，描绘普通市民的生活和静物，代表作有《铜壶》《有烟斗的静物》《市场归来》等。
[3] 修拉（Georges Seurat, 1859—1891），法国画家，新印象派代表，他的风格又被称为"点彩"，代表作有《大碗岛星期天的下午》《马戏团》等。

塞尚[1]、维亚尔[2]、德加[3]、杜米埃[4]、惠斯勒[5]、康斯泰勃尔[6]和伦勃朗[7]。展览从 1987 年 6 月 17 日持续至 8 月 16 日。"我会对一幅画要求些什么呢？惊为天人、扰人心神、充满诱惑、有说服力。这些绘画的特质就是它们都令我想要回去工作。"弗洛伊德在展览图录里明确地说道。弗洛伊德的两幅画也在展览之列，两件均是 1985 至 1986 年的作品，《画家的兄弟斯蒂芬》（*The Painter's Brother Stephen*）和《双重肖像》（*Double Portrait*）。

1987 年，弗洛伊德的一个主要旅行回顾展由英国艺术理事会组织，其中包含了 139 件作品，从 1940 年代开始到他最近的大多数作品，展览在华盛顿的赫希霍恩博物馆展出。展览从 9 月 15 日持续至 11 月 29 日，后来它又去了柏林、巴黎，最后一站是伦敦的海沃德画廊。（弗洛伊德是为数不多的在那儿举办过两次回顾展的英国艺术家之一；另

---

[1] 塞尚（Paul Cézanne, 1839—1906），法国后印象派代表，作品注重分析物象的几何结构，追求体积感，被誉为"现代艺术之父"。
[2] 维亚尔（Edouard Vuillard, 1868—1940），法国纳比派代表画家。维亚尔着力于小型的重复图案，将人物融合在背景之中。
[3] 德加（Edgar Degas, 1834—1917），印象派重要画家、雕塑家，最著名作品是表现芭蕾舞演员的一系列画作。
[4] 杜米埃（Honoré Daumier, 1808—1879），法国著名现实主义画家、讽刺漫画家、雕塑家和版画家。
[5] 惠斯勒（James McNeill Whistle, 1834—1903），美国印象派画家，后久居伦敦，代表作有《画家母亲肖像》《白色和谐》《泰晤士河上散落的烟火：黑和金的小夜曲》等。
[6] 康斯太勃尔（John Constable, 1776—1837），英国 19 世纪最伟大的风景画家之一，代表作有《千草车》《白马》《威文侯公园》等。
[7] 伦勃朗（Rembrandt Harmenszoon van Rijn, 1606—1669），荷兰 17 世纪最伟大的画家，擅长肖像画、风景画、风俗画、宗教画、历史画等，代表作有《浪子回头》《达娜厄》《夜巡》等。

一位就是弗朗西斯·培根。）罗伯特·休斯写了图录文章，被认为是一篇针对艺术家具有开创性的艺术史分析。文章中休斯称弗洛伊德为"在世最伟大的写实主义画家"。当然，这个展览标志着他艺术生涯的一个重要转折。当展览于2月4日至4月7日巡回到海沃德画廊时，安德鲁·格雷厄姆-迪克森在《独立报》上撰文评价这个回顾展："这不仅是一次艺术展览，它还代表了文化上的一个里程碑"。

海沃德展览的核心作品是弗洛伊德的女性裸体，它们有专门的展厅。格雷厄姆-迪克森称它们为"毫无疑问的杰作"，并继续写道：

> ……资产阶级自由派对这些绘画的下意识反应，可能认为它们出自于一个同性恋虐待狂之手，他极度歧视女性，不屑地用阴部裸露和大腿张开来表现女性……他的裸体女性是他最伟大的绘画作品，并不是因为它们是"写实主义"的杰作（尽管画中极好地把握了那些坐在他面前的人的形体上最微小的差异），更不是因为表现了某种虐待狂的艺术。这些作品充满智慧和同情，它们表现了他对人性的看法。他自己和其他人的孤独感，与他自己的忧郁进行类比，他们都是自我陶醉式的。从某种意义上来说，都是自画像。

不过，根据组织了这次回顾展的柯克曼的说法："葛雯的书和第二次的海沃德展览改变了在英国的状况，但在欧洲却不多。弗洛伊德并不著名也未受到欢迎。他并没有得到贵宾待遇。赫希霍恩博物馆的展览是弗洛伊德在北美第一次真正被公众接受。"正如约翰·罗素所说的:"(弗洛伊德)从来没有探寻过或者得到过这样多的支持者,不仅在这个国家没有,在其他地方也没有……在英国,他被当成一种令人不安的存在……但他是一名离场者而不是参与者,那时及之后,他再也没有适应过英国的生活方式。"

赫希霍恩的展览是一部真正意义上的重磅巨献。这是美国对这位艺术家的第一次引荐,早在十年前他在纽约举办过一次展览,即1978年4月安东尼·德奥弗画廊前往戴维斯和朗公司的展览。弗洛伊德"面对面"的画风引起了当代观众强烈的共鸣,他们热情地接纳了20世纪80年代的美学:一次著名的向具象绘画及绘画自身和新表现主义的回归。

尽管弗洛伊德讨厌被贴上"表现主义"的标签,可能与朱利安·施纳贝尔[1]、让-米歇尔·巴斯奎特[2],大卫·萨尔[3],甚至是埃里克·费舍尔(在风格和主题方面最接近表现主义精神的人)没有什么共同之处,他显然痴迷于具象绘画以及绘画本身,在一段时期内绘画只是当时的一

---

[1] 朱利安·施纳贝尔(Julian Schnabel, 1951—),美国画家兼电影人,因其在破碎的陶瓷板上绘制大型绘画而出名。
[2] 让-米歇尔·巴斯奎特(Jean-Michel Basquiat, 1960—1988),二战后美国涂鸦艺术家、新艺术的代表人物之一。
[3] 大卫·萨尔(David Salle, 1952—),美国画家、版画家和舞台设计师,后现代的重要确立者之一。

种媒介，具象艺术仍然占统治地位。"艺术再次成为了梦境和回忆的媒介，也成了象征和场景的媒介。"希尔顿·克莱默这位《纽约时报》长期的艺术评论家写道："它已重新获得了戏剧方面的能力。"

当时赫希霍恩博物馆的馆长詹姆斯·德米崔恩广受赞誉，不仅是因为他举办了一次其他美国展馆都不愿意接管的展览，而且后来他还说服了他的机构买了几张弗洛伊德主要的作品，包括一张表演艺术家李·鲍厄里的肖像《抬着腿的裸体》（*Nude with Leg Up*，1992年）。正如德米崔恩回忆所说的："我接到了英国艺术委员会的电话，他们说没能把它弄到美国的其他博物馆。显然，弗洛伊德在英国之外并不出名，这让我很困惑。奇怪的是，纽约的博物馆也没兴趣。我只是认为他的特殊绘画方式，把人放大审视这一点相当特别。坦率地说，我称之为神奇。这是一种坚定的写实主义。如果有一种运动名为'坚定的写实主义'，他一定会是领头人。"约翰·拉塞尔在《纽约时报》上评论了赫希霍恩的展览，他写道："我们大概不会得出像休斯先生那样的结论，说弗洛伊德是在世最伟大的写实画家，但我们认为他是唯一在世的写实主义画家，也是唯一一位为写实主义带回它久已丧失的冒险精神和启示元素的画家……任何关心绘画的人如果错过它就太不理智了。"

这个展览甚至引发了《纽约时报星期天》杂志进行了一次长篇介绍。"卢西安·弗洛伊德已成为一个流行神话，一个艺术家在底层社会和贵族社会之间保持平衡,一个贫民窟的浮士德在下层酒馆里徘徊,吃着以丘鹬为食的早餐。"玛丽娜·华纳如此开始她的文章,这也让人理解为什么弗洛伊德很少接受采访。"在英国,卢西安·弗洛伊德的名字出现在了任何一个鉴赏家所持的这个国家最伟大的20世纪艺术家的名录上,他与斯坦利·斯宾塞[1]、亨利·摩尔和弗朗西斯·培根并列;在国外,他只是被选择性地崇拜……弗洛伊德的作品很容易被崇敬,却很难被喜欢……卢西安·弗洛伊德本应该被构造为现代的穆西尔[2]或普鲁斯特[3]:他,既是一个男人,又是一个艺术家,是一个我们颓废时代的典型反英雄人物。"

荷兰公园的画室是弗洛伊德第一个真正重要的工作空间,他进行了充分的利用,从宽阔的地板、褪色且剥落的墙壁——一面墙糊上了布——到光线充足的窗户,从那儿可以看到屋顶,这一切在他的绘画中出现得越来越多。

从弗洛伊德拥有这个空间开始,绘画的时候他就开始在画布上不断增添布条来扩大画面,真正意义上在现实中扩展了他的艺术视野。房间里的装饰很贫乏,只有光秃秃

---

[1] 斯坦利·斯宾塞(Stanley Spencer, 1891—1959),英国20世纪写实与叙事画的代表人物之一。
[2] 穆西尔(Robert Musil, 1880—1942),奥地利哲学家、小说家,他的未完成的小说《没有品质的人》被认为是最重要和最具影响力的现代主义小说之一。
[3] 普鲁斯特(Marcel Proust, 1871—1922),法国作家,代表作《追忆逝水年华》突破了小说写作的传统模式,风格独特。

的吊灯，一个棕色的切斯特菲尔德沙发填充物已经露出来了，房间里还有各种黄铜和铁组成的床架。（这个破沙发在《画家与模特儿》（*Painter and Model*，1986—1987年）中起到增强的效果，一个男性裸体四仰八叉地躺在沙发上；《贝拉和埃丝特》这幅双人肖像也被放在其中，画中他的女儿舒服地躺着。）

他那硬挺挺且污迹斑斑的破布也越来越多地被用做道具。在1987至1989年间，弗洛伊德画了他最新的模特儿苏菲·德·斯坦普尔，画中的他裸体站着，后面是由破布组成的虚拟墙壁，床单前的标准裸体有一个奇怪的旋转。在《站在破布旁》（*Standing by the Rags*）一画中，牡蛎色的破布和她的肤色形成了对比，构成丰富的泡沫般的背景。弗洛伊德在第二年又画了类似的画，即《躺在破布旁边》（*Lying by the Rags*）。画中，同样的模特儿躺在光秃秃的地板上，身后是一堆破布。

在2012年的纪录片中，德·斯坦普尔回忆道："卢西安总是这样挑战自己。他总是推动自己可以走得更远。随着年龄的增长，他开始创作越来越具有野心的作品。在他60多岁时，他画了两幅'站在破布旁'的作品。他认为这是对自己的一种考验。也是对注意力和记忆力的测试。"

德·斯坦普尔曾邀请弗洛伊德画她，这是在她听到一些朋友的父母称卢西安是"恶心肮脏的犹太人"之后。"我记得他们这么说，我当时想：'哦，我想知道我是否能见到他……'他要求如此多，花费如此多的时间，在那种情况下你不可能喜欢上这个人。但你又不得不爱他，因为他试图从无进行创造，这种神奇的创造来自于无，来自空白的画布，这种创造中会有许多危机。他会上窜下跳，他还会尖叫。想要创造出成果对他而言着实困难。他在这种巨大的强度之下工作。一年来了又去，圣诞节来了，新年来了，没有一天休息……他有非凡的能量，能在夜里持续工作七八个钟头。然后，他会在七点钟爬起来，画其他的人，对我而言这似乎令人难以置信。"

弗洛伊德的破布也在《画室中的两个男人》（*Two Men in the Studio*，1987—1989年）中发挥了重要作用，这是华托在喜剧演员画作《小丑吉尔》中所采用的办法。诗人兼作家安格斯·库克裸体站在一张床上，他的双臂在头上交叉。身后的画架上可以看到《站在破布旁》这幅画，它直接参考了右边的那一堆破布。床底下出现了两只脚，它们是库克的朋友画家瑟里斯·温·埃文斯）的脚。

后来库克在1993年马修·马克斯画廊举办的展览图录文章中巧妙地写道："破布就是他画室的地板。它们最好的用处就是做床单，后来实在太脏了，连擦画笔都不行，于是再一次被扔掉。破布和上面的颜料，还有以前中断的画作都成了他的题材，并得到了复原。对它们而言这已尽显慷慨。它们与人体相得益彰，因其特殊性而拥有了一种全新的品质。卢西安称之为'流淌飘荡的样子'。"

1989年，弗洛伊德的母亲去世了。在她去世后的第二天，卢西安为母亲画了最后的画像，这是一幅简单的炭笔画，上面是一个死去的人头，看起来像是一幅木乃伊的肖像。

安妮·弗洛伊德回忆起父亲与他母亲时常所处的令人担忧的关系，她举了一个例子，有一次卢西安看望母亲，虽然卢西安多次抗议，但露西坚持要取回并且给他看一个由露西·莱制作的罐子，这是她收藏的艺术家，但他却很厌恶，探访就这样突然结束了。但与此同时，她补充道："他在许多方面对母亲非常温柔。我记得有一个晚上……我记得我们想和奶奶一起吃晚饭。父亲对她说了些什么，她说：'哦，我不在画里。'意思是：'我并不明白。'他则回答：'你在所有的画里。'"

1990年，卢西安·弗洛伊德找到了下一个伟大的主题，一个言过其实的澳大利亚表演艺术家名叫李·鲍厄里，弗洛伊德初次见到他是在安东尼·德奥弗画廊，在那儿鲍厄里做了一个持续一周的装置作品，他穿着几年前做的一系列异国情调的服饰。温·埃文斯和库克安排了一场弗洛伊德和这位着装浮夸的表演者（亮片是一个受欢迎的主题）之间的见面，地点安排在哈里酒吧，因为他们想要"让亮片回到卢西安的画上。让他扔掉那些旧的米黄色的颜料"。

弗洛伊德以前曾见过鲍厄里，对他的腿印象深刻。一个大个子男人却有着不同寻常的灵活性。鲍厄里有一个大大的光头佛像。在接下来的四年，弗洛伊德一直让鲍厄里做模特儿，直到他在 1994 年 10 月 31 日死于艾滋病，弗洛伊德创造了一些他的绘画生涯中最惊人的作品，这些绘画在尺寸和情感上都堪称不朽。

弗洛伊德曾经说过，雕塑是他的初恋，他拥有一件罗丹的《巴尔扎克》复制品，在荷兰公园楼梯的一头占据着重要的位置，它守卫着画室的入口。鲍厄里的外形天然地具有雕塑的形态，弗洛伊德则积极利用了他的潜力，比如他硕大的身形以及保持着扭曲姿势的能力。这两个人彼此非常合拍。作为一个表演艺术家，鲍厄里身体上有许多穿刺，经常盛装打扮，从华丽的服饰到珠宝一样都不少。但当他第一次进入弗洛伊德的画室，他只是简单地脱光了衣服，去掉了所有的装饰，做这一切并没有弗洛伊德的命令。他没有任何化妆，从头到脚脱了个精光，完全暴露在艺术家面前。

在第一幅肖像《里·鲍厄里（坐着）》[*Leigh Bowery (Seated)*，1990 年]中，他的身体淹没在红色的扶手椅里头。事实上，弗洛伊德一直在用新的布条不断扩大画面来容纳他。虽然他的身体庞大，他却拥有近乎舞者的优雅。即使一个看似直截了当的姿势，像《裸体男子，背后》(*Naked Man, Back View*，1991—1992 年) 中，只有模特儿的背部被展现出来，他坐在一个矮脚凳上，弗洛伊德设法捕捉到鲍厄里的仪态中巴洛克和佛像的感觉。他的灵感既来自于鲍厄里"惊人的体积",也来自他"心灵的质量"。弗洛伊德把鲍厄里描述为"相当清醒,相当放松,而且相当鼓舞人心的实体。他对服装的感受甚至扩展到了他的容貌,以致于他驾驭自己的身体时具有惊人的机警和惊人的放纵"。

1992年所绘的《抬着腿的裸体》中,鲍厄里斜倚在画室的地板上,在弗洛伊德所绘的破布的海洋中,他的一条腿不可思议地支在一块绿条纹的床垫上。有一次为了让他看起来和真人等大而不是比真人更大,弗洛伊德让他固定在构图的中心,整个图则是由床垫、破布、地板和一个窗户的底部构成的。在《李在天窗下》(*Leigh under the Skylight*,1994年)中,模特儿站在一个被盖住的桌子上,他的头探向天花板。虽然脚踝小心地交叉着,但硕大的身体和扭动的姿势让人想起了罗丹。

弗洛伊德还画了鲍厄里赤裸地躺在床上,和尼古拉·贝特曼在一起,贝特曼和鲍厄里一起工作,并在他死前不久和他结了婚。《和新郎》(*And Bridegroom*,1993年)是一幅演画[1]性质的作品画,戏剧性的构图呈现在寂静的调色板上,强化了戏剧效果。一张床上铺着沉重的米色床单,位于黑色的折叠屏风前。画面的背景只有简单的棕色地板和淡黄色的墙。鲍厄里和贝特曼则裸体躺在床上,像是基

---

[1] 演画,一种将艺术和娱乐、绘画和表演进行跨界融合的艺术新型态,最大的特点就是以独具一格的表现方式让绘画过程本身成为艺术。

座上的雕塑，他们的头都偏离了对方。贝特曼很瘦，但身体很有曲线，她纤细的脚踝搭在鲍厄里粗壮的大腿上；她的长发流淌延至床边。画的名字是根据 A. E. 豪斯曼诗中的句子（尽管鲍厄里希望弗洛伊德称之为"劳工和他的丑老太婆"），这是运用了独幕剧的技巧。"我一直有兴趣把戏剧性带入肖像画中，"弗洛伊德说，"我在过去的绘画中发现了这种戏剧张力。如果一幅画没有戏剧性，它就根本没有意义；它只是从颜料管中挤出的颜料。"

尼古拉·贝特曼还出现在其他几幅画中，包括为鲍厄里的死所作的令人心酸的脚注——奇怪的作品《女孩坐在阁楼门口》（*Girl Sitting in the Attic Doorway*，1995 年），画中裸体的贝特曼坐在衣柜上方的壁龛里。"当他正接近作画的尾声时……就在这段时间里，李濒临死亡……我坐在那儿。我所有的时间都在想着李……他现在死了。我想从现在的状况里留一点喘息的空间。"当鲍厄里死后，弗洛伊德带着他的尸体飞回了澳大利亚。

鲍厄里在一年前或更早时为弗洛伊德文献的产生作出了贡献，他在一本名为《可爱的工作》（*Lovely Jobly*）杂志中进行了一次犀利而又发人深省的采访，这个采访后来被转载到 1993 年马修·马克斯画廊举办的《弗洛伊德，近期素描和版画》展览的图录里。在采访中，鲍厄里问弗洛伊德为什么有时候他会被称为"厌女症患者"。弗洛伊德的回答是："人类愚蠢的本能之一就是取一根骨头，然后就此重塑整个动物……我认为厌女症的概念是女权主义者的兴奋剂，这就像反犹太主义者在四处寻找犹太人的鼻子。"在问到他有没有"女权主义粉丝"时，弗洛伊德回答道："我女儿埃丝特算不算？我也是一个女权主义，但我不确定在多大程度上我是自己的粉丝。"

鲍厄里评论说，弗洛伊德经常画他的情人。"是的，但你不能同时做两件事。"弗洛伊德很快反驳道。"你是什么时候产生了要画成年女儿的裸体的想法？"鲍厄里问道。"当我开始画裸体的人们时。"弗洛伊德说。"我想不出还有其他艺术家那样做。这一定会让事情变得稍显极端。"鲍厄里继续道。"我的裸体女儿没什么可羞耻的。"弗洛伊德坚持说。"但你裸着身体在她们面前，会有什么感觉呢？""我不会裸着身体在她们面前以防止她们以为我是个裸体主义者。"

鲍厄里留下了另一个遗产：大约在他死前一年，他把弗洛伊德介绍给了另一个传奇模特苏·蒂莉（Sue Tilley），她成为这位艺术家最著名——并且是价格最高的——主题。蒂莉在查令十字街的西区工作中心担任福利主管。鲍厄里想要安排两人见面，在一定程度上是因为他告诉蒂莉为弗洛伊德当模特儿就像是"接受大学教育"。

蒂莉回忆起她第一次和卢西安在苏荷区的一间夜总会里见面，在那儿，他告诉她说她的口红太蓝了。后来他带她吃了午饭，"并且对我进行了一番仔仔细细的检查，他盯着我和我的一切东西看,然后就让我做了模特儿"。在第一次去艺术家那里当模特儿之前,鲍厄里让她进行了训练,"在家里的长沙发上脱去衣服"。

"当你去他家当模特儿时,你不能化任何妆,他不允许这样做。"她回忆道。弗洛伊德发现每一处细微的差别,从眼妆的细小痕迹(蒂莉被拖到浴室洗掉了它)到偶然更换的洗发水——稍稍改变了颜色的头发。"我必须在早上七点就到那里,每幅画都要画上九个月。我每周得为他当两三次模特儿,包括周末在内,大约六七个小时。"她说。当模特儿的回报是每天20镑。

蒂莉把弗洛伊德描述为"令人愉快的,但你知道有个性的人到处都是,你不能定义他。他有些沉静,然后又会尽他所能地大声,他的情绪忽高忽低。他吝啬,也慷慨,他是所有的总和。他从来不能被预知。"

这个工作的好处之一,就是能与卢西安在河流餐厅共进午餐。"他总是很滑稽。我的意思是我爱管闲事。但他却比我还要糟糕十倍。我会试着在盯着人看的时候细致敏锐,但与他在一起的时候就丝毫没有敏锐了。他只是直愣愣地盯着人们看,他喜欢这样看,然后他会说些非常粗鲁的话,而且说得真的很大声。他知道许多事,非常健谈。"

蒂莉把她做模特儿的第一幅画《夜间在画室》(*Evening in the Studio*,1993年)称为"最令人反感的东西。我甚至不能忍受多看它一眼。因为它太可怕。"她很快就习惯了裸体摆姿势和思考,"他就像医生。见过许多裸体的人"。画面上是蒂莉躺在地板上,用一种非常不讨人喜欢、略显尴尬的姿势,她说就像"一只大肥蟹"。她斑驳的肉体就像斑驳的墙壁。在她的身后,尼古拉·贝特曼坐在椅子上,有一块从她腿上垂下的巨大织物上绣花(她以前是一个学纺织的学生,经常为鲍厄里缝制和装饰服装),鲍厄里和狗斜躺在一张床上。鲍厄里后来因为去了苏格兰不能再摆姿势而被抹掉了;贝特曼、蒂莉和布鲁托,那只弗洛伊德的宠物小惠比特犬也留在了画里。

在第二幅更友善的画《休息的福利主管》(*Benefits Supervisor Resting*,1994 年)中,蒂莉坐在沙发的一端,她的头相对于身体而言显得比较小。她的身体向后仰着,勾着脖子。第三幅《睡着的福利主管》(*Benefits Supervisor Sleeping*,1995 年,在 2008 年卖了 3360 万美元,是在世艺术家中卖的最高价),她蜷缩在同一张沙发上,一只手托着大团松弛的乳房,另一只手臂搭在沙发背上;与经典的大宫女姿势正好相反。《睡在狮子地毯边》(*Sleeping by the Lion Carpet*)是蒂莉的第四幅也是最后一幅画像,是这些大型油画中最漂亮的一幅。画面中描绘了身材肥硕的苏,她此时已经开始出名,在一个对她而言极小的皮椅中睡着了,一张在俗不可耐的跳蚤市场里发现的带有两只狮子的挂毯也在背景里。

如果弗洛伊德的意图是令人"震惊和困扰"的,正如他自己曾说过的任何一幅伟大的作品都应该如此,他所达到的程度就要比蒂莉的肖像深得多了。弗洛伊德自己也说过她"用自己的方式传达出了一定的女人味",即使她没有被视为一个马戏团的怪胎,她的严重肥胖也已被充分展现出来了,她没有肌肉的张力,它们让鲍厄里的身体看起来像一座辉煌的雕塑,而不是一堆笨重或丑陋的东西。弗洛伊德所绘的"大苏"作品中具有一种杂耍演员式的特性,仿佛它们是某种噱头。

正如弗洛伊德向费弗所解释的(他谈到委拉斯开兹和他所画的小丑、侏儒形象):"我可能对不同寻常或有着奇怪比例的人有某种嗜好,我并不想过度放纵它。"弗洛伊德特别着迷于"与她(蒂莉)惊人的形体尺寸有关的各种各样令人惊讶的东西,就像令人吃惊的陨石坑和人们从未见过的东西",还有"因为体重和热量引起的褥疮和擦伤……这是没有肌肉的肉体,作为承重物,发展出了一种不同的质地"。蒂莉为《睡觉的福利主管》摆姿势的照片,画面中她庞大的身躯展露无遗,但她的肉体像是充了气一样平滑,不像是弗洛伊德描绘的那样,浮肿,腐坏,濒于腐烂。

即使是像布鲁斯·伯纳德这样的弗洛伊德忠实狂热的爱好者,他在画室拍下了蒂莉的照片,后来又在1996年出版的权威著作《卢西安·弗洛伊德》中写到了这些肖像,他发现第一幅画《夜间在画室》难以忍受。"在1993年白教堂艺术画廊举办的那场伟大的展览中,他(弗洛伊德)

介绍了一幅新画,许多人发现它令人讨厌,并且很难作为一幅简单的画来理解,即使作为一件轶事叙述都是如此。"不过,伯纳德总结道,大苏系列的最后两张肖像"是对西方裸体绘画的主要贡献,可能是古典传统的最后一站……"

看着蒂莉,"我认为对于他所看到的,是真诚的,也是真实的。你知道他们是怎么说他厌恶女人和所有这些的。我认为这是一堆垃圾,但他爱他们。当人们读画里的东西时我是厌恶的……我想他的画关注构图多过于讲故事。"

对蒂莉来说,弗洛伊德的艺术意图似乎很简单:"尽可能地吸引你。这都是为了试探和挑战,看看他能画得多好。一切都是为了尽他所能让画变得更好。"

13　用绘画对抗时间

弗洛伊德年岁渐长,但他的创作速度不仅没有变慢,而是加速发展了。1992 年,他刚 70 岁,他便直面自己的年纪,开始创作一幅大胆的的自画像《画家在工作,映像》(*Painter Working, Reflection*,1992—1993 年)。在这幅画中,他几乎全裸,只穿了一双没有鞋带的工作靴;一只手握着他的颜料调色板,另一只手里拿着画刀。这是艺术史上的古怪之作,但他的这并不是第一件英雄式自我审视的作品。弗洛伊德可能从未见过,但他的裸体肖像与一幅著名的肖像画相呼应,即美国艺术家爱丽丝·尼尔在她 80 岁时大胆绘制了一幅自我的裸体像,画上她也只戴了一副眼镜,还有一块抹布和画笔。

尽管弗洛伊德画自己这件事贯穿了他的整个职业生涯,但这还是他第一次脱去自己的衣服。"现在,我最不可能做的就是把我自己画成裸体。"他告诉费弗。"我发现这比画其他人更难,"他谈到自画像,"极其困难。心理元素更加困难。我用了所有的表达形式去掩盖它们。"

这位艺术家以一种典型且无情的目光看待自己。在完成的自画像中,弗洛伊德看起来有一点听天由命,但他肯定并没有被年龄带来的耻辱给击败。71岁时,他的身材令人钦佩,几乎完全没有脂肪,这样的身体与光秃秃的画室墙面和地板形成鲜明对比,像一个脆弱而又居高临下的人出现在空荡荡的舞台上。弗洛伊德告诉费弗,在画他自己的脸时,它先是"成为我父亲的脸",他回忆起电影《正午》[1]中萦绕的主题曲,"我不知道什么样的命运等着我……我只知道我必须勇敢……我必须面对这个致命的杀手……或者我退缩,做一名懦夫,做一名躺在墓穴里的懦夫……"[2]

在1991至1992年,弗洛伊德又画了另一幅肖像,在1993年他又重复画了一次,也是一幅肖像画,或者至少是弗洛伊德作为肖像画家极为重要的关键之作。《有书的静物》(*Still Life with Book*)展现了他最喜欢的图书《埃及历史》,书打开的一页上有两幅照片,是法老阿赫那吞时代(公元前14世纪)两个埃及头像的石膏像——和西格蒙德·弗洛伊德的书房里的很像,它们很有可能(不自知的

---

[1] 《正午》(*High Moon*),影史上经典的西部片之一,描写一名小镇警长在无法寻得助手的情况下,只身对抗四个前来报仇的恶徒。全片长85分钟,描述的故事是从上午10:40至正午85分钟的全部经过,与真实世界的时间步调一致。
[2] 《正午》的主题曲《别抛弃我!噢,亲爱的》(*Do Not Forsake Me Oh My Darling*)。

情况下）首次点燃了这位画家毕生对肖像画的热爱。"我画他们时不必大费周折。这些人时常出现在我脑海中。没什么和他们更相似的了：他们在某种程度上是埃及人以前的人类。"他说。对弗洛伊德来说，他们的脸不仅仅是会动的隐喻——也是他一生的试金石。

在这两幅画中，这本书都靠在枕头上。在第一幅画中，枕头像是书签，保持着书从另一个地方打开的状态；在第二幅画中，这本书靠在被布鲁斯·伯纳德称为具有"暗示性的"枕头上，这枕头看起来像是女性生殖器。弗洛伊德又塑造了另一个形象，《埃及人的书》（*Eygptian Book*），这是1994年创作的一幅蚀刻版画，也是我们前面提到过的著名的弗洛伊德母亲肖像画中的形象。

茱莉亚·奥尔巴赫在1989年拍摄了弗洛伊德和《埃及历史》在床上的照片，过了几年它可能被作成了画。照片是在画室中拍的，照片中，弗洛伊德在一堆脏画布中，低头看着书，右手拿着一副眼镜（在绘画的时候没有戴）。这完全就是他所说的"枕边书"，正如费弗所说，"是他的同伴，他的圣经"。

在过去的二十年里，弗洛伊德越来越具有野心的作品可能由他的助手大卫·道森所绘，他在20世纪90年代初开始就和弗洛伊德一起工作。道森——弗洛伊德的文书、模特儿和值得信赖的朋友，这位画家和摄影师早上开始和弗洛伊德一起工作，回家后再做他自己的艺术，然后在黄昏时分又回到弗洛伊德在荷兰公园的画室,尽管最后他的工作几乎变成了全天性质。他不仅在绘画的每个阶段都要辅助弗洛伊德,作为他日常的伙伴和经常使用的模特儿,道森还在画室里拍摄了弗洛伊德的照片,为这位隐居艺术家留下了在工作中宝贵而真实的形象。

这段关系始于1989年或1990年,当时道森听说弗洛伊德的经纪人詹姆斯·柯克曼正在寻找一个人来辅助弗洛伊德。柯克曼把他带到荷兰公园去见艺术家。"当我们开始爬六层楼的时候,弗洛伊德已经在楼梯顶上等着我们了。他非常瘦小,灵巧,脚步敏捷,他有着极其明亮的眼睛。"他回忆道。

道森和弗洛伊德在荷兰公园公寓的厨房里见了几次面。后来,道森再去与弗洛伊德见面时,弗洛伊德邀请他去了画室。"天哪,我被迷住了!我正试着把所有一切都装到脑海里,一切。对我来说,它是我曾进入过的最非凡的房间。这个房间并不特别大,但很人性化,阳光从巨大的天窗透过,铺满了一半的房间……一个大木制画架上放着一幅《抬着腿的裸体》的油画,还没有画完……"

弗洛伊德很快就雇用了道森,他第一个任务就是帮他拿一幅宾迪·莱姆顿的肖像《穿蝴蝶毛衫的女人》(*Woman in a Butterfly Jersey*,1990—1991年)到红砖巷去装框。画布被包裹在一条旅馆的床单中,这些床单都被他当成了绘画的抹布,并且塞在弗洛伊德那辆老宾利里。道森回忆起弗洛伊德当时还在画其他的鲍厄里肖像。他总是一次画四五幅画,从不把白天的绘画和晚上的绘画(或者他晚上的模特儿与白天的模特儿)混起来。他不在画布上绘画的时候就在墙上画。很明显,画室的门总是关着的,保持他的空间神圣不受侵犯。"你一进入画室,就立刻会有一种不同的氛围,一种试图创造出前所未有的东西的氛围,个性化,而且一无所惧。"道森说。

除了几乎占据了从1990年代早期到中期全部的鲍厄里系列之外,这段时期的绘画还包括一幅布鲁斯·伯纳德的肖像(1992年),他站在一堆绘画抹布旁,目光向下凝视;《两个女人》(*Two Women*,1992年),画中苗条而不规则的可爱女性的形体在铁床架上被拉得很长;紧凑且上下颠倒的裸体《握着拇指的女人》(*Woman Holding Her Thumb*,路易斯·里德尔是长期为他的画装框的人)。《伊卜和她的丈夫》(*Ib and Her Husband*,1992年)展示了一对躺在舒适的摇篮里的伴侣,它与一年后所绘的忧郁的《和新郎》形成了鲜明的对比。

这些画被囊括在由伦敦的白教堂艺术画廊举办的大型展览中,展览名为《卢西安·弗洛伊德:最近的作品》(*Lucian Freud: Recent Work*),展览从1993年9月10日持续至11月21日。虽然名字是"近期的作品",实际上展品的年代跨度从1940年直到李·鲍厄里系列,以及弗洛伊德最近画的裸体自画像,这件作品被拍照发表在展览图录之后，他仍然继续作画。展览图录的综合性论文是策展人凯瑟琳·兰伯特撰写的，她也曾为弗洛伊德做过模特儿。这个展览于1993年12月17日至1994年3月15日在大都会艺术博物馆展出，后来又去了马德里展出。

自从1987年弗洛伊德回顾展被美国的展馆拒绝后，最终在赫希霍恩找到举办展览的地方，此时已经过了6年。目前为止，随着白教堂展览的举办，可以毫不夸张地说弗洛伊德已成了热门话题。展览的每一站观众都排起了长队。弗洛伊德终于跻身为国际艺术明星的行列，和那些名人平起平坐。

报道展览的媒体从愚蠢到严肃皆有。《巴尔的摩太阳报》打趣道："伦敦最近有一位不太性感的文化英雄，他是西格蒙德·弗洛伊德70岁的孙子，写实主义画家卢西安·弗洛伊德。他在白教堂艺术画廊展览了他最近的肖像，几乎全是裸体形象，展览的门票成了全城最火爆的门票。弗洛伊德先生的名气并没有麦当娜那么大，但他有更好的风评。他展现了许多正面的裸体。""这个人是英国最伟大的情人吗？"这是《每日邮报》上刊登的头版头条。

当展览到达大都会艺术博物馆时，迈克尔·金梅尔曼在《纽约时报》上回顾了这个展览。他使用了我们现在已经熟悉的术语为他摇旗呐喊："毫无疑问，71岁的弗洛伊德先生是在世最伟大的人物画家。"在评价鲍厄里的肖像时，他写道："极致的绘画以不朽的方式遇到了极致的肉体,而结果就是一种奇异的美……"他还专门挑出了蒂莉最早的画像:"在大都会的展览中,什么可能是最惊人的作品,刚刚完工的《夜间在画室》,以鸟瞰的视角投射在身形巨大的裸体女人、苗条的女裁缝和小惠比特犬身上……很难将这样的图像称为具有诱惑力,但就像他最近的许多画作,诱惑来自于他处理颜料的方式……你一开始会发现大都会艺术博物馆的这一件和其他画作令人不安,或许还有些令人不快。但你理应对弗洛伊德先生毫不矫揉造作的艺术中那些令人产生感官上的愉悦的绘画完全免疫。"

弗洛伊德在国际上的成功很大程度上归因于这个事实:他有一个新的艺术品经销商,立足于纽约的威廉·阿奎维拉,他的高端画廊代理了一批能有稳定市场的艺术家和房地产,包括乔治·勃拉克[1]、弗朗西斯·培根、皮埃尔·勃纳尔[2]、亨利·马蒂斯[3]、保罗·塞尚和威廉·德库宁,这些都是19、20世纪的大师。阿奎维拉以他在1990年所做的一项历史性艺术交易而闻名,当时他买下了皮埃尔·马蒂斯画廊价值1.53亿美元的全部股份。

威廉·阿奎维拉出生于商界,他的父亲尼古拉斯,在1921年创立了阿奎维拉画廊。虽然他更像一位商业高

---

[1] 乔治·勃拉克(Georges Braque, 1882—1963),法国现代绘画大师,和毕加索共同创立了立体主义绘画。
[2] 皮埃尔·勃纳尔(Pierre Bonnard, 1867—1947),法国纳比派画家。
[3] 亨利·马蒂斯(Henri Matisse, 1869—1954),法国著名画家、雕塑家、版画家,野兽派创始人和主要代表人物。

管——因高超的谈判技巧而闻名——而非艺术品经销商——阿奎维拉拥有一种随性的优雅。尽管他很成功，但他拥有一种令人舒服的低调作风，这可能让弗洛伊德想起了他拥有许多头衔的朋友们。

阿奎维拉曾通过朋友在伦敦多次与弗洛伊德见面，包括他非常亲密的朋友大卫·萨默塞特（马尔堡美术馆董事长和第11任博福特公爵，艺术家曾画过他）；但当弗洛伊德第一次提出建议共进晚餐时，阿奎维拉试图编造一个好借口。1992年，他和妻子被说服来到荷兰公园的画室，阿奎维拉很快就爱上了李·鲍厄里的肖像系列。"我被卖了。"他回忆道。他不仅卖画，他还卖了许多其他东西，其中的大多数卖给了收藏家乔·刘易斯，一幅卖给了出版界大亨西·纽豪斯，还为其他的收藏家保留了一些，以便"广泛传播"。大都会艺术博物馆则买下了《裸体男子，背后》（*Naked Man, Back View*）。

在2012年的纪录片中，阿奎维拉生动地描述了看到作品的第一眼。"他拿出第一幅李·鲍厄里的肖像，这是李·鲍厄里的后背，然后他又拖出了李·鲍厄里抬着腿的肖像，然后是更多李·鲍厄里在红椅子里的肖像，顺便说一下，这一切全是他自己一个人做的，这些可是巨幅作品。他不希望任何人碰他们。我看到这三幅画的时候完全被它们俘获了，你知道，是被他们完全俘获了。我觉得他们太棒了，我转向我的妻子，因为在这之前，我在伦敦的许多经销商和朋友都告诉我他的这些男性裸体根本不会卖出去,你知道很难卖,所有这一类的东西都很难卖。所以,无论如何我问我的妻子:'你认为这些是色情绘画吗……'她说:'不。'我又说:'我也认为不是。它们叫人难以置信。'"

经销商告诉这位艺术家,"如果我能在世界范围内做你的代理,我们就合作吧……没有合同,一旦你觉得不合适,你告诉我,我们就停下来。一旦对我也没有任何好处的时候,我会告诉你,我们也停下来,合作就停止。"晚饭后,弗洛伊德对阿奎维拉提到他有赌债的问题,他想要处理。"然后我说,'当然,没问题。'我的意思是这赌债能有多少。所以我看了他的赌注登记,我说'我想要了解卢西安欠了多少。'他说:'太好了,比尔,270万英镑。'"

就在他 2011 年 7 月去世前的几个月,在《华尔街日报》的采访中,弗洛伊德称赞他是"绅士"。他回忆说,"当时我的经销商不像我希望的那样热衷于那些男性裸体……当威廉走进画室,所有的李·鲍厄里的肖像都在那里,他被击中了。你或许会想象,一个上城声名赫赫的画廊老板也许会有迟疑,但他一点也没有。他只是觉得这些画非常了不起。我们握了握手,如此简单。我们从未后悔过"。

两个人都从商业伙伴关系中受益匪浅。当被问到阿奎维拉对于他在全球的成功作出过什么贡献时,弗洛伊德简洁地说,"相当多"。这两位天天通电话,正如弗洛伊德所说,他们是"真正的工作友谊"。这种友谊也包括乘阿奎维拉的私人飞机去巴黎和马德里旅行。阿奎维拉也为弗洛伊德的肖像画当过模特儿。"我一连紧张地坐了几个星期,从三点半到七点。"他回忆道,"弗洛伊德在每一笔里都混入了新颜色"。

14　持续恶化

在他们第一次见面的五年后,弗洛伊德让大卫·道森当他的模特儿,于是开启了一系列的创作。最后呈现的作品是《普路托,阳光明媚的早晨,八条腿》(*Pluto*, *Sunny Morning*, *Eight Legs*, 1997年)。就像弗洛伊德的许多画作一样,一开始就有些东西略显不同,包括对道森的描绘,弗洛伊德最近使用的模特亨瑞埃塔和他的小惠比特犬普鲁托。"由于这幅画增加了他的兴趣和痴迷……他越来越喜欢画我和他的小惠比特犬。"道森回忆道。

"我一直都知道,当他抱着普鲁托的时候,或是我在画中只画了他身体的一部分,这比把他的在场和整个外貌都表现出来要更有力。"弗洛伊德曾说过。在接下来的十年里,他数次画了道森和他的狗;他的助手和他的惠比特犬伊莱是他最后未完成的绘画主题。

这个构图再离奇不过了。道森裸体躺在一张铺着床单的床上,他的手臂环绕着幼小且优雅的惠比特犬,小狗蜷着身子在他的身侧。一眼瞥去还有一扇窗和一个衣柜。床倾斜的形态是画面的前景和中心。随即，画面中有一种奇怪的幽默和超现实主义的感觉：我们可以看到床底下突出了一双蜷着膝盖的腿（让人想起《画室中的两个男人》中的脚）。

这两条腿只是作为构图的元素；它们被画在那儿只因为画布的底部是空的，而弗洛伊德想让它更生动一些。道森的裤腿还不够多，所以卢西安建议他赤裸着双腿，卢西安还建议道森扮演双重角色，于是把他的腿画在了床底下。"多余的腿产生了绝望之感，在我的画中时常发生。"弗洛伊德告诉费弗。"我的想法是在某种程度上捕捉到一个场景而不是构成它，这样你就不会质疑了。我觉得我的方式让事情看起来——不是很浪漫，我想——甚至是尴尬，就像生活看起来很尴尬一样。"

"滑稽"的自负也起了作用。床底下的腿与道森在床上摆放方式类似的腿方向正相反。这条狗像一种内置的附属物一样贴合着他的身体。这是某种活物的拼图，一切都被极其细致地观察着。这幅不大像肖像画的以画家助手和画家的狗为主题的画，以某种方式抓住了弗洛伊德作为局外人的实质。

另一幅以道森（《大内景，诺丁山》，*Large Interior, Notting Hill*，1998 年）为模特儿的古怪画作引发了米克·贾格尔和杰瑞·霍尔的争执，弗洛伊德之前曾在霍尔怀着她的儿子加布里埃尔8个月身孕时画过他。在画中她正在给儿子喂奶,但因为她缺席了好几次,所以后来弗洛伊德用道森的头替换了她的头部,画了一幅怪异的图画,一个男人正在照看襁褓中的婴儿;前景中,一个年纪比较大的男人坐在沙发上看一本书,一只小惠比特犬蜷在他脚边。

"一开始我很失望,因为它和她之间没有联系。"弗洛伊德说,"但这对画来说并不重要。我思考着最初的场景时觉得它就像是某种默剧,然后,大卫作为她的替代者出场,这场戏剧才有了一点声音。"

弗洛伊德在千禧年的转折点已经七十八岁了。他一直是个有嗜好的人,现在他终于有钱了,在工作室之外的日常生活中,从20世纪90年代中晚期开始,当他可以负担一种更富裕的生活方式时,他会经常光顾那些最受欢迎的餐厅。那是他朋友莎莉·克拉克的"克拉克餐厅",在那儿他既吃早餐(喝一杯加奶的"弗洛伊德拿铁咖啡"和大份的丹麦式早餐)也吃午餐,通常是和道森一起,晚上则在洛坎达·洛卡特利,他是沃尔斯利著名的常客。这是一个漂亮的小酒馆,在那里,弗洛伊德有一个圈边桌,他也和餐馆老板杰瑞米·金很友好。在接下来的几年里,弗洛伊德画了几幅餐馆老板的画作,其中包括一幅《金的肖像》(*portrait of King*,2007年),还做了一个巨大且漂亮的蚀版画,他要求模特儿为他坐了数不清的钟头,但却从未完成。

2000年5月，弗洛伊德与伊丽莎白女王在圣詹姆斯宫的皇家收藏宫廷画室举行了一次约见，女王同意为他当模特儿。弗洛伊德于2001年12月完成了这幅画，最后一次见面时他要求女王戴王冠。女王答应了他，但当弗洛伊德准备画的时候，女王却忙得不可开交，不能再继续当他的模特儿了，所以他使用了一个替身做模特儿，在画面顶部笨拙地挤着一个钻石王冠。这幅肖像极具争议性，引发了许多残酷的——并且总是被引用的——评论。在《纽约时报》上，理查德·莫里森评论道："下巴的阴影勉强可形容为6点钟，脖子也不会让橄榄球的柱子显得更丢脸。脸部表情像一个专制君主，他没有经历过多灾之年，而灾害却尽在他的掌控之中。"罗伯特·西蒙，即《英国艺术》杂志的编辑令人难忘地评论道："这让她看起来就像一个患中风的皇家柯基犬。"

在79岁的时候，弗洛伊德仍在积极追求女性，至少有些人热切地回应了他。2001年，他开始和一个27岁的记者艾米丽·柏恩住在一起，她为《星期日电讯报》撰写每周专栏。这位艺术家也被传言说他为最新的缪斯在伦敦西区买了一栋价值50万英镑的连排别墅。弗洛伊德画了她穿衣服的和裸体的形象：她出现在《小型肖像》（*Small Portrait*）和《女儿与父亲》（*Daughter and Father*）中，都完成于2002年。她也是2001年许多裸体画中的主角，包括一幅完全用灰色调完成的作品，少女样式的高跟鞋放在地上，旁边是一个破床垫。在几年后他们关系结束时，据说弗洛伊德仍然在某天晚上出现在她的房子里，疯狂地踢着门，大喊大叫。柏恩拒绝让他进去。

弗洛伊德最近通过雅克塔·艾略特和他的儿子弗莱迪取得了联系，弗莱迪现在 29 岁了，他出现在 2000 年完成的两张怪异画作中。《塞尚之后》（*After Cézanne*）是基于《那不勒斯下午茶》而创作，它是弗洛伊德真正以妓院场景而作的画，尽管他没把它带到画室来作为参考。画面上，弗莱迪赤裸裸地躺在地板上一条皱皱巴巴的床单上，撑着他的胳膊，一条腿放在朱莉的臀部下面，朱莉是弗洛伊德通过大苏遇见的模特儿；另一个女人端着一个茶盘。被打翻的椅子增加了混乱的感觉。在《弗莱迪》（*Freddy*，2000—2001 年）中，弗洛伊德的长发儿子修长的身体靠在画室的角落里。

2002 年，弗洛伊德画了另一幅强有力的自画像。他仍然夜以继日作画，艺术家把自己描绘成脆弱的样子。一种试探性的、战栗的感觉把作品分成了一片一片的。他的脸看起来若有所思，净是黑沉沉的褶皱和阴影，被墙上令人印象深刻的厚涂式的笔触包围着——几乎被占满了。虽然他穿着一件夹克，没穿衬衫，一只手抓着他灰色的领结。图像散发出强烈的终结气息。

"他的脸很温柔，看上去对自己就像对一个非常脆弱的人抱有极大的同情一般。"他的女儿贝拉在 2012 年的纪录片中说道,她的声音饱含情感。"实际上我认为他在画中看起来比在现实生活中要脆弱得多。"

2002年6月,泰特美术馆举行了一次重要的弗洛伊德回顾展,从1939至2002年的150件作品,包括刚刚在一个月前完成的肖像——还有一幅是裸体的艾米丽·柏恩。或许是考量了弗洛伊德作为国家财富的地位,泰特美术馆同意了艺术家的需求,展厅里都使用了自然光线。开展的前两个晚上,弗洛伊德在晚宴后为朋友们和模特儿们组织了一次私人参观,这群人喧喧嚷嚷,从德文郡公爵夫妇和大卫·霍克尼到弗洛伊德的女儿埃丝特和贝拉,再到苏·蒂莉、凯特·摩斯和柏恩。

一场盛大的表演由威廉·费弗主持,他早在1968年就开始撰写关于弗洛伊德和他作品的文章了。他广博的图录文章《弗洛伊德:生活成为艺术》为劳伦斯·葛雯20年前记录的一段伟大传奇再续新篇,它为这个被广泛认为是20世纪重要艺术家带来了新的理解和洞悉。这些文字中交织了大量弗洛伊德自己作出的评论。回顾展从6月20开始持续到9月22日,后来又去了巴塞罗那的卡伊夏基金会,从10月22日开始直到2003年的1月22日,最后一站是洛杉矶当代艺术博物馆,展览从2003年2月9日至5月25日。

《经济学人》以简单的叙述开始了它的评论,"卢西安·弗洛伊德在英国泰特美术馆回顾展中展出的作品被评论家称赞为天才的杰作,他们毫无保留地相信弗洛伊德先生是这个国家在世最伟大的画家。在许多方面,他是……今天弗洛伊德先生对艺术的庄重严肃似乎是这个时代越来越有价值的商品……现在的装置艺术和视频艺术吸引了越来越多的关注……然而,弗洛伊德先生的作品依然坚守现代,把人的形体描绘成简单的肉体,剥去了表相与防护,美寓于丑,将现实呈现无遗。"

这个展览在洛杉矶当代艺术博物馆对评论的开放引起了更多的批评。在《洛杉矶时报》上,克里斯托弗·奈特写道:"百余幅画和18件纸上作品中,只有几件是对肉体具有魅力和不可避免的衰残相关的视觉文章……看那个男人——和女人——他的画作对这些描绘了一遍又一遍。他是……例行公事般地描绘——尤其是围绕这个展览的市场营销机制——作为英国在世的最伟大的具象画家……这可能是真的,但考虑到有限的竞争,它的意义也就有限了。弗洛伊德确实是一位非常优秀的画家,但事实上他的作品所绘的范围非常有限——还有一种操纵观众怀疑效应的倾向。"

2002年,《闲谈者》(*Tatler*)杂志称将近80岁的弗洛伊德是位于哈里王子之后最"优质"的英国单身汉。凯特·莫斯[1]在《年少轻狂》(*Dazed & Confused*)杂志的一

---

[1] 凯特·莫斯(Kate Moss,1974—),著名的英国超模。

次采访中称他为"她最想遇见的人"。莫斯还宣称她很想为他当模特儿。卢西安已经和她在俱乐部跳过舞，他被她迷住了。他打电话给女儿贝拉："你能马上叫她来吗？"艺术家邀请模特儿吃饭。"我到他家去，那天晚上他开始（画画）。我无法对卢西安说'不'。（他）非常有说服力。第二天我给贝拉打了个电话，问她：'需要多久？'她问：'画布有多大？'"莫斯回忆道。

弗洛伊德花了9个月的时间才画出了接近真实大小的莫斯的裸体肖像，那时她怀着她的女儿丽拉·格瑞斯。莫斯从晚上7点一直坐到凌晨2点，一个星期七天。弗洛伊德宣称这幅画"令人失望"，尽管他说莫斯"对身体的理解力极强"，但"她总是迟到"（后来此画卖了约620万美元）。但莫斯这里拥有一些独一无二的痕迹：他在她的屁股上刺了一个文身和一对麻雀。这是他在1941年于商船队短暂的任期内学到的技能，当时他曾为水手们进行即兴文身，使用印度墨水和手术刀。当莫斯第一次说她想要一个鸟的形象，他给她展示了他1944年的作品《桶里的小鸡》。他们商定的是一群鸟，后来成了一对。

同年，弗洛伊德和他的艺术家朋友大卫·霍克尼商议互相当模特儿。2002年夏天的许多个早晨里，霍克尼从他的画室出来穿过荷兰公园到达诺丁山。他坐了三个月。尽管霍克尼在直背椅子上坐了许多小时，吸着烟和弗洛伊德交换"艺术家们的八卦"，完成后的肖像却只有一个肩膀以上的半身像，领口敞开，眼镜架在鼻子上。霍克尼赞扬弗洛伊德的方法，说："你可以了解和观察这张做着许多事的脸……看，盯着看……越来越近……他的肖像画和任何过去的那些大师一样好，这是照片根本无法企及。"

一等到完成对霍克尼的描述，弗洛伊德就为霍克尼来当模特儿，就像约定的那样，驾着宾利到达他的画室。即使有道森在他身边，他也只打算坐三个小时。霍克尼画了一幅艺术家和他助手的双人画像。弗洛伊德的绘画从 20 世纪 90 年代开始就是巨幅了，而且经常充满戏剧性。为了制作它们，身高 5 英尺 6 英寸的艺术家通常要站在台阶上画画。这就是为他的朋友安德鲁·帕克·鲍尔斯绘制 6 英尺高的画像时的情景，他经常和弗洛伊德一起在海德公园骑马，弗洛伊德拒绝戴头盔，这是典型的冒险行为。帕克鲍尔斯对弗洛伊德天生对动物的理解印象深刻。

2003 年，弗洛伊德开始了他的巨幅的帕克·鲍尔斯肖像画，他穿着全套制服，从荣誉奖章到擦得光亮的靴子。弗洛伊德打破了作为一幅传统英国军人画像的形式，这是庚斯博罗[1]创制的，他把帕克·鲍尔斯画成了大肚子，让大肚子从解开扣子的夹克里鼓了起来。后来，帕克·鲍尔斯说到《陆军准将》(*The Brigadier*，2003—2004 年)："当我看到镜中的我时，还不坏，但后来当我看到绘画又听到

---

[1] 庚斯博罗（Thomas Gainsborough，1727—1788），英国 18 世纪著名的肖像画家和风景画家。

人们说些诸如'它显示了大英帝国的衰落'时，哦，正像这样。"

2004年4月，弗洛伊德在华莱士收藏馆举办了一次展览，展出了最后两年的作品。这是一场巨大的成功：安妮·弗洛伊德说，通常不拥挤的机构在当时"从早到晚，水泄不通"。《卫报》回顾了展览的内容，罗伯特·休斯着重写道："81岁的弗洛伊德比泰晤士河另一边陈列的不列颠那些当代艺术的废物要年轻得多，比达米恩·赫斯特[1]泡在浑浊的福尔马林鱼缸里慢慢腐烂的鲨鱼要年轻[2]；比大卫·法科纳由数千个铸铁的老鼠组成的寄生虫的死亡之星要怪异，比特蕾西·艾敏[3]邋遢的家室和大肆复制的床要性感百倍。"

2004年，弗洛伊德还画了一幅艺术评论家马丁·盖伊福德的著名肖像《戴蓝围巾的男子》（*Man in a Blue Scarf*），这是以盖伊福德的书《戴蓝围巾的男子：为卢西安·弗洛伊德坐下来画肖像》为基础的，该书在2010年出版，书中盖伊福德详细记述了在一年半的时间里他们数百次地坐下来，都是为了这幅肖像和后来的蚀刻版画。在这段时间里，弗洛伊德的聊天占据了大部分时间，尽管他给

---

[1] 达明安·赫斯特（Damien Hirst, 1965—），英国成交价最贵的当代艺术家。
[2] 达明安·赫斯特的作品之一，作品中的鲨鱼被装进冰柜，运往英国一个停用的飞机库，并给它们注射福尔马林，改头换面后的鲨鱼被运往各类美术馆以作展览。
[3] 特蕾西·艾敏（Tracey Emin, 1963— ），英国当代艺术家，使用绘画、雕塑、电影、摄影、霓虹灯文字和缝制贴花等各种媒介创造艺术作品。

人的印象更像是一个可爱的老人——詹姆斯·柯克曼称之为"圣诞老人",这本插图精美的书还提供了罕见的且极有吸引力的见解,关于艺术家在他的圣所里工作的情况。

在82岁的时候,弗洛伊德继续以小报给他贴上的"登徒浪子"的方式生活着。他最新的情人是亚历山德拉·威廉姆斯-韦恩,一名艺术学生,也是威尔士男爵的女儿,她在给他写过一封粉丝的信之后,就在32岁时开始成为他的模特儿。两人很快成了恋人。"一开始我并没有认真对待——我充分意识到了年龄的差异。"她在近十年之后告诉《名利场》,"但我爱了上他。这并不由我掌控"。

威廉姆斯-韦恩是《裸体肖像》(*Naked Portrait*,2004—05年)的主人公,这是弗洛伊德的又一幅令人惊叹的画作,同样以他最近的缪斯为主打,这也是他在荷兰公园的画室里画的最后的作品,那儿的六层楼梯已经出了问题。那时起,他就在诺丁山家里的画室里工作了,艺术家买了一座带花园的"乔治之屋"。

这幅画名叫《画家惊讶于一个裸体的仰慕者》(*The Painter Surprised by a Naked Admirer*,2004—05年)实际上是一幅肖像画中的肖像画:年老的艺术家和他年轻的搭档的漫画。一个驼着背穿着衣服的弗洛伊德站在画室里,画室的墙壁上镶满了东西,地上有许多抹布,一个高高的凳子上装满了画笔,还有一个同样直直立着的画架——裸体的威廉姆斯-韦恩紧紧抱住光着脚的艺术家,她的手放在他的大腿上。

这幅复杂的画花了一年的时间才完成——当它完成的时候,他们的关系依然如旧。像他的许多前任女模特儿一样,威廉姆斯-韦恩很难适应突如其来的结束,她的评论和弗洛伊德多年前的情人安妮·邓恩遥相呼应。正如威廉姆斯-韦恩告诉《名利场》的:"和卢西安在一起,让我意识到这不是在开玩笑:他作为一个艺术家而活着。这也让我明白了自私正是创造伟大艺术所需要的。"

15 离开画室

弗洛伊德对他日渐增长的高龄作出了让步,他不再使用荷兰公园的画室,但作品并未减少。在接下来的六年里,他创造的绘画和蚀刻的数量令人印象深刻。甚至连道森都对"绝对的数量和尺寸"感到惊奇。弗洛伊德只有在身体实在不允许的时候才会停止画画。他还是尽可能地努力推动自己。

当被问及他的耐力和专注力时,他说:"我想,这与我想要的、我所想的以及我所回避的东西有关……我不想心不在焉,一些小事也会让我担心,我想回头改变它们,调整它们,接着我忘了我想要改变的是什么。考虑到我的绝对自私,而我只做我想做的事,我正在忘记的正是我想要做的事。这才令人担忧……"

2005 年,弗洛伊德画了一幅威廉·阿奎维拉[1]的画作,并将其命名为《穿着蓝衬衫的纽约人》(*New Yorker in a*

---

[1] 威廉·阿奎维拉(William Acquavella),美国艺术品经销商和阿奎维拉画廊的主人。

Blue Shirt），一年后又以相同的标题制作了蚀刻版画。

他尝试画他迄今为止最宽的画布，一幅面目沉重的裸体画《里亚》（*Ria*，*Naked Portrait*，2006—07年）。弗洛伊德向费弗承认在这时，他可以最多工作三个半到四个钟头，他补充道："我希望我能一直画，甚至直到我站不起来都还在画。"

弗洛伊德生命的最后几年最动人的作品是他画的大卫·道森和各种小惠比特犬的肖像——先是普鲁托，然后是伊莱，2000年弗洛伊德送给道森当作礼物。《大卫和伊莱》（*David and Eli*，2003—04年）首次在华莱士收藏馆的展览上展出，此时它才刚刚完成，这是休斯挑选出来展览的杰作。画中，裸体的道森摊在床上，伊莱懒洋洋地躺在他身边。《伊莱和大卫》（*Eli and David*，2005—06年）则展现了他的助手躺在扶手椅上，他的狗蜷曲在他的大腿上。弗洛伊德与动物非凡的亲和力体现在狗美丽的形态上，它的温和又延伸到道森的微笑上。助理的右手和脸有点画过了头，这幅画非常松弛；最重要的是，它充满了感情。

2007年，弗洛伊德在现代艺术博物馆举办了一场大型展览《卢西安·弗洛伊德：画家的蚀刻版画》，包括上百件作品，进一步巩固了弗洛伊德在20世纪经典艺术圈中的声誉。在《纽约时报》上，罗伯塔·史密斯写道："穿过它的展厅，你可以得出结论，尽管弗洛伊德先生的画很强硬，但他的蚀刻版画却更原始，更有攻击性。它们具有表现风格的暴力特征。

相较于弗洛伊德先生在绘画上的孜孜以求,蚀刻几乎是X射线。它们展现了图像的各个面,就像是脚手架一样,在一定程度上由网络覆盖着——这往往引起的是一片片线条、凿沟、阴影线和交叉线般的幻觉。这些狂热的标记有它们自己的生命,以某种方式聚合起来暗示肉体……"

弗洛伊德强迫性的工作习惯从未真正停止过。在87岁时,他仍然夜以继日地工作。当乔迪·格雷格2010年为《旗帜晚报》(*The Evening Standard*)采访他时,他问这位艺术家是否依然雄心勃勃。"是的,相当雄心勃勃。"弗洛伊德答道,"我每个白天和夜晚都在工作。我不做任何其他的事。否则就毫无意义。"谈到这么大岁数,弗洛伊德说:"我想要避免死亡,让它离得远远的。""你还在渴望生命吗?"格雷格问他。"我充满活力,我渴望生命。我感觉非常活跃。我很幸运,我的视力一直都很好。"

2011年4月,就在他去世前几个月,弗洛伊德完成了他最后的女性裸体画,这是一个名为佩瑞涅·克莉斯蒂安的年轻女人肖像。他们很亲密,但没有成为恋人。正如克莉斯蒂安告诉《名利场》的那样:"他非常清楚他的时日无多,但他想做更多的事。"马丁·盖伊福德在弗洛伊德生命的最后时刻见到他,回忆道:"他得了癌症。这事已经有一段时间了。它已经扩散了。很明显他还有一两个月就要死了。他变得相当消瘦。"

弗洛伊德的最后一幅画是他四年以来一直在画的,这是道森和伊莱的另一幅肖像画。就在他去世前的几天他还一直在画这幅画。

当他意识到自己太脆弱而无法拿起画笔时,弗洛伊德便撤回到他在"乔治之屋"的卧室,就在他画室的楼上。在他去世前几周,他的朋友、密友以及他在各种关系中留下来的孩子们都来和他道别,包括简·威洛比夫人,她是他最长久的爱人之一。他的许多孩子都是常客。大部分医护都是罗斯监管的,埃丝特和贝拉都住在伦敦,她们也经常来,安妮住在伦敦郊外,也经常来看他。

"我经常去看爸爸,我会去他的住处,有时会一起吃早饭或出去吃午饭。"她回忆道,"我会去克拉克的餐馆——他总是在那里吃早餐。随着病情加重,他开始失去力量,我从其他家庭成员那里获得了关于他的状况的定期通报,我看望他的次数更频繁了。有一段非常非常特别的时间,当我去的时候,他看到我非常高兴,但他又很消沉,他说我们不能出去了,又问我愿不愿意上楼。我们于是到了楼上,躺在床上,我抱着他,这真的相当特别。因为我们并不经常触碰对方。有时我帮他穿外套,当他和我打招呼或者我和他告别的时候,他总是亲吻我。但我们身体上这样亲近以前几乎没有发生过。

"60年代,他画了最美丽的毛茛,绝对是令人震惊的美丽。你知道毛茛看起来有点有艳俗。我给他带了一大束毛茛，他相当高兴。我把它放进他房间里的花瓶里，他说：'把它放得离我更近些，让我能看到。'那真是太棒了。我说：'我真希望我能作点什么让你感觉更好些。'他立刻就高兴起来，似乎要承认我们关系的重要性。因为我们有过很严重的隔阂（1980年代初）。他说，你在这里就让我感觉更好。他说这些的时候让我想到了这些我真正需要听到的东西。我能看到他心里正是这样想的。'安妮真正需要知道的是她对我来说很重要。'你可以看到那种被称之为情商的东西起到了作用。这是非常令人心酸又美妙的时刻。"

贝拉后来回忆说，他们还有时间在情感上适应父亲即将到来的死亡。"你了解我父亲，我们都知道他会死。我们都作好了心理准备。"悲剧的是，贝拉和埃丝特的母亲伯娜丁·卡芙利在卢西安去世四天后也去世了。"父亲去世了，我们可以和她谈谈过去，但我们没有。"她说，"奇怪的是，我的父母以一种可笑的方式令我们坚强。这与他们每个人都以自己的方式忠于自己，并且坚持以自己的方式做事，很有趣也很美好。"

艺术家简·麦克亚当·弗洛伊德也在他父亲的最后几天与父亲度过了一段有意义的时光——并画了他的数幅肖像。在简三十岁出头的时候，贝拉第一次把简带回去与卢西安接触，在找到她之后，她们两个年轻的女人都在罗马，后来在伦敦安排了她们与父亲的见面。从那以后，简和她父亲断断续续地保持着联系。"我们有一种关系。我们互相写信。我时不时看见他。我在波多贝罗路教肖像画，那儿离他在荷兰公园的画室非常近，他以前在酒吧喝酒，所以在那段时间我就在酒吧里见他。"

简在1991年第一次做了一个卢西安的雕塑，完成它花了一年时间，他也在一幅画中画了她。2001年，她被委托制作一个奖章上的肖像，她让她的父亲再次做了模特儿。他告诉她说："哦，别人认为我是自负的。晚些做它会更好——当它成为一种纪念品的时候。"但当他病倒后，他同意了。除了奖章，她还制作了一个巨大的双面陶浮雕（土褐色的三联画），有浮雕的铜币和一些草图，后来在2012年的弗洛伊德博物馆展出了，这是她曾祖父住过的房子。"我并不想谈论关于死亡的事……他想要见我。当我第一次走进房间的时候，我从没见过一张如此容光焕发的脸。非常富于表现力。"

卢西安其他的几个孩子，他们在婴儿时期只看到这位自我描述为"缺席"的家长一两回，但他们在最后一刻终于找到了机会说再见。自20世纪80年代起，简的弟弟大卫就没有见过他，他和他母亲凯瑟琳一起接受了卢西安的经济援助，他也通过绘画回应弗洛伊德即将到来的死亡，这证明他自己是卢西安的后代。大卫在他父亲临终的床前画了几天画，后来用草图创作了一组肖像，后来也被展出了。"我觉得他去世后才更多地属于我。我可以没有障碍地理解他了。我离他更近了。"大卫说。

麦克亚当的另一个姊妹露西也做艺术,她二十多岁时就再没见过父亲,当她知道他快要死去时非常震惊。"我知道他不是很好,但是我并不知道他病得那样厉害。"她回忆道:"我坐在床尾。我们都很激动,他抚摸着我的胳膊。极尽深情,我给他看了一张我的儿子们的照片,我说:'这些是你的孙子。'他盯着我看,我以为他进入了恍惚的状态。我们似乎进入了一个冻结的时刻,随后我说,'如果你愿意,你可以留着它。'他似乎沉浸在其中,他说:'哦,你能把它放到我的枕头底下吗?'于是我把它放在枕头底下,他说:'不,不,不,不像那样,稍微露出来一点,这样我就能把它拿出来。'"露西告诉他,她得走了,因为她已经答应了要带一些她教导的智障儿童去剧院,他让她过一会儿再来。"为了听到那些话,我愿意做世界上的任何事,但我永远不想我的生命中有人失望,或许因为我自己的生命中总是令人失望吧,我必须遵守诺言。"她说。那是她最后一次见到他。

当卢西安·弗洛伊德于2011年7月20日死于膀胱癌时,他88岁,许多孩子围绕在他身边。贝拉、以斯帖、罗斯、苏济和"我们许多人,都聚在房子里"。安妮说,"我看到他死了,我们都死了"。弗洛伊德去世后的那一晚,他在沃尔斯利酒馆的那张角落里的桌子被盖上了黑布,一根孤零零的蜡烛点燃了独属于他的荣誉。7月27日举行了一个私人葬礼。坎特伯雷前任大主教罗文·威廉姆斯主持葬礼，他也是西莉亚·保罗的姐夫和亲密的家庭朋友。"这是一项美好的服务。"安妮说，"许多家庭成员要么奉献了悼词，要么献上诗歌。我们唱了赞美诗，然后走向坟墓。"

卢西安·弗洛伊德被安葬在海格特公墓。到最后，他可能有自己的安排，一匹马（他最早的灵感之一——他第一幅严肃的作品就是一匹三条腿的马）出现在他的葬礼上：苏克斯，一匹弗洛伊德曾照看过和绘画过的本地马陪伴了送葬的队伍，直到他的坟墓。

在他的画室里，一切都原封未动，卢西安·弗洛伊德最后没有完成的肖像仍然搁在画架上。巨大的绘画描绘了他最喜欢的两个主题，一个裸体的人——他的忠实助手大卫——和一条狗，道森的惠比特犬伊莱。画名为《猎犬的画像》（*Portrait of the Hound*），画面的尺寸鲜明地展现了卢西安·弗洛伊德的野心，他意识到在他的一生中，或许能够成为 20 世纪最伟大的写实主义画家。

"这是卢西安画的最后一点东西，在伊莱的头周围，他开始画肩膀。最后画的一点东西是它的耳朵，在那里他只画了两笔，你知道伊莱在听你说话。"道森说。尽管年纪很大了，艺术家的决心仍然和以前一样"雄心勃勃"。他的助手如是说。

"他在这幅画上增添了两处延伸，这是他画我胳膊的方式……它们在画面上延伸，需要周围更多的空间，所以他又在这一边增加了四五英寸,随后,当我的脚和膝盖伸出了画布,他又在底部增加了八九英寸,这就是他如何构造画布的方法。它实际上是由身体里头的形体决定的……但是,他又花了很多很多日子在左手边的角落里打光,让右手边的角落暗下来,那又花了许多时间和精力来处理如何让我的膝盖缠绕我的手肘。他还会花同样多的时间看地板。他总是想要你待在房间里,即使他工作的区域和这一点关系都没有。因为这能影响绘画。"

你可以感觉到弗洛伊德在这幅道森的形象中蕴藏的非凡能量,比平时画得更薄,仿佛弗洛伊德最著名的那种强烈的注视已经有所动摇。这幅画格外令人心酸,因为弗洛伊德再没把伊莱的后腿画完,那儿一片空白。空白标志着艺术家最终的缺席,它就像是墓志铭。

即使没有完成,弗洛伊德的最后一幅画像也证实了他作为画家超凡的情感。对于他所期待的伟大的艺术,他曾经说过:"我要让它惊为天人,搅扰人心,具有诱惑力和说服力。"所有这些,在某种程度上,卢西安·弗洛伊德的作品都做到了。

致谢

卢西安·弗洛伊德是众所周知难以下笔的一个人物,从他著名的血统到他个人生活,再到他的作品本身。他对隐私极度追求(他生命中的人也都帮他保守隐私)以至于吓退了他有生之年所有的传记作家;的确,在20世纪90年代初,一位作家甚至受到了所谓的威胁,他被吓到了,不仅放弃了项目还离开了伦敦,至少在一段时间内是这样的。不久之后,《时尚》(Vogue)杂志就被迫收回了全部已发表的关于弗洛伊德的文章;更有甚者,作者被要求毁掉所有的研究。

即使在他死后,弗洛伊德的亲密圈子在大多数情况下仍然口风很严。所以,我特别感谢为了这本书而同意接受采访的人。他们——不按字母顺序排序——包括:安妮·弗洛伊德、卡罗拉·赞特纳、简·麦克亚当·弗洛伊德、露西·麦克亚当·弗洛伊德、大卫·麦克亚当·弗洛伊德、约翰·理查森、马丁·盖伊福特、桑迪·奈尔恩、弗朗西斯·奥特瑞德、沃克·M. 威尔特、南希·舍恩伯格、安东尼·德奥弗、詹姆斯·柯克曼、詹姆斯·德米崔恩、达尼亚·杰科、苏菲·弗洛伊德和苏·蒂莉。

虽然我没有正式采访过他,但我也想感谢威廉·阿奎维拉在这个项目的一开始就与我见面。虽然我无法采访大卫·道森,我也要感谢他在我2月份访问伦敦期间对我的请求作出了迅速的回应,我在国家肖像馆破纪录的回顾展《卢西安·弗洛伊德:肖像画》开幕式上见到了他,我还要感谢弗洛伊德在画室工作的照片,当它们在伦敦的哈兹利特的霍兰德-希伯特画廊展示时,我看到了它们。

此外,这本书若没有我的朋友们的支持就不可能写下来,他们是帕翠西亚·科恩、马克·摩尔、洛林·蒙恰克,约瑟芬·施米德特、琳达·艾克斯坦、乔纳森·格林伯格、凯瑟琳·麦克奥立弗、金姆·内山、格文达·布莱尔、克劳迪亚·多林-贝兹、亚历杭德罗·贝兹-萨卡莎、艾玛·麦卡奇、劳尔·赞姆迪奥、马克·坦塞、梅拉·福特和丹尼斯·卡顿,他慷慨地出借他的私人图书馆的参考书,这对我而言不可或缺。感谢萨拉·戈夫在伦敦的盛情款待,感谢安娜·斯旺的鼓励,感谢菲利斯·希梅尔自始至终的支持。当然,没有这个图标系列的编辑詹姆斯·阿特拉斯,这本书也无法问世,他对这个项目的热情让它最终呱呱坠地。

参考书目

如果不借助如下著作、图录、电影,没有作家会试图深入研究卢西安·弗洛伊德的生平和作品,这些材料不仅对于了解这个人和他的作品极有帮助,其中一些甚至关重要。

劳伦斯·高英,他自己也是个艺术家,还是个策划人和杰出的艺术作家,写了关于弗洛伊德的第一本综合性专著,他于1938年初次见到弗洛伊德,并密切地跟随他多年。《卢西安·弗洛伊德》于1982年由泰晤士和哈德森公司出版,这本插图丰富的书对艺术家和他的作品提供了极富见识和极为重要的洞见;是相当优秀的关于弗洛伊德的入门读物。

布鲁斯·伯纳德关于弗洛伊德的同名巨著由德雷克·伯德索设计,并由兰登书屋于1996年出版,在23页的前言中提供了深刻的重要观点,本书有奢华的290页全彩图版,追溯了弗洛伊德1990年代中期的作品。伯纳德是弗洛伊德的私人朋友,他还为弗洛伊德拍过许多照片,其中包括一个艺术家在他画室里引人注目的系列,最后这些照片呈现在了《工作中的弗洛伊德》一书中,此书由阿尔弗雷德·A·诺普夫于2006年出版,书中还收录了大卫·道森的评论以及塞巴斯蒂安·斯密对弗洛伊德进行的全程采访。

约翰·拉塞尔为弗洛伊德1974年首次在海沃德画廊举办的展览撰写了深思熟虑的图录文章(文章后来被收录到了罗伯特·米勒画廊于1993年举办的《卢西安·弗洛伊德:早期作品》展览的图录中)极好地抓住了艺术家作品的灵魂和感性。

罗伯特·休斯具有里程碑意义的文章《卢西安·弗洛伊德绘

画》介绍了插图精美的目录（由泰晤士与哈德森公司于1987年出版），它与英国艺术委员会主办的一个巡展放到了一起，巡展在美国华盛顿特区的赫希霍恩博物馆举办，后来又去了柏林、巴黎和伦敦的海沃德画廊。极少有当代艺术作家和休斯一样精明和值得引用，他的文章中还包含了许多来自弗洛伊德的精彩评论。

威廉·费弗用他的艺术史和策展人的目光关注了弗洛伊德几十年，写出了关于艺术家有史以来最好的两篇文章。他详尽而具有启发性的文章《卢西安·弗洛伊德：生活成为艺术》是为2002年泰特美术馆举办的弗洛伊德回顾展的图录所撰写的，这是对弗洛伊德感兴趣的人们所必读之作。除了费弗自己专长的主题以外，这篇文章还包括了关于弗洛伊德生平和个人关系的传记资料，以及许多艺术家本人值得注意的评论。费弗后来把其中的许多材料用在了他在里佐利出版的《卢西安·弗洛伊德》长达37页的介绍性文章里，这本书包括了362幅全页彩图，还有4个对艺术家的采访，分别在1992年、1998年、2001年和2007年。

凯瑟琳·兰伯特为1993年白教堂画廊举办的展览《卢西安·弗洛伊德：近期的作品》图录撰写了文章，展览后来又去了纽约的大都会艺术博物馆，在去马德里的索菲亚皇后艺术中心之前，展览在纽约形成了轰动。她是极少数写弗洛伊德的女性之一，因为弗洛伊德时常被指患有厌女症，但她对弗洛伊德及其作品的理解极为精明。

《戴蓝围巾的男子》由泰晤士与哈德森公司于2010年出版，这是由艺术评论家马丁·曼叙述的迷人又侃侃而谈的趣闻轶事，他为弗洛伊德的一幅肖像和蚀版画当了一年多的模特儿。这本书的文字吸引人，插图也很好，所以它是现有的弗洛伊德的文学作品中相当受欢迎的一本。这种第一手的叙述给读者一个生动的——有些亲切温和——的感受，就像是与弗洛伊德进行了实时的亲密接触。

关于卢西安·弗洛伊德的父母恩斯特和露西·弗洛伊德的书很少；沃克·M. 威尔特的书《建筑师恩斯特·M·弗洛伊德》于2012年由伯格汉图书出版，书中提供了恩斯特·弗洛伊德丰富的研究资料，关于他的工作，以及卢西安出生时柏林的环境。章节的注释包含了极其丰富的参考资料和二手资源，包括西格蒙德·弗洛伊德和他的圈子资料。

《稀有美人》的作者克里希达·康诺利（弗洛伊德早年的支持者编辑和批评家西里尔·康诺利的女儿），讲述了加曼姐妹的故事，她们"抓住了伦敦波希米亚人的心"。洛娜是姐妹中最漂亮的，正是她第一个抓住了卢西安·弗洛伊德的心；他后来娶了她的侄女凯蒂·加曼。康诺利详细叙述了洛娜和弗洛伊德之间的关系，包括她和他的另一个情人诗人劳瑞·李的竞争，以及洛娜作为灵感缪斯的细节：正是她给了他一个极为珍贵的东西，一个制成标本的斑马头，还有她为他带来的鸟，使得他画了那幅美丽的画《死去的苍鹭》。

南希·舍恩伯格关于卡罗琳·布莱克伍德夫人的传记《危险的缪斯》由南·泰里斯在双日出版社于 2001 年出版，这是关于那个引人注目的女性极具可读性的作品，她被证实了不只是充当弗洛伊德的伴侣。除了戏剧性地描述弗洛伊德与布莱克伍德的关系，该书还对苏荷区的社会和文化场景以及弗洛伊德与弗朗西斯·培根的关系有极好的背景研究。里面充满了丰富的花絮和引用，它的章节注释和参考书是极为伤脑筋的二手资料来源。（三本关于弗朗西斯·培根的传记是由迈克尔·佩皮亚特、安德鲁·辛克莱和丹尼尔·法尔森写撰的；对于苏荷圈子同样有兴趣的是丹尼尔·法尔森的《50 年代的苏荷区》和他在《神圣的怪物》中对弗洛伊德的回忆录，以及迈克尔·维夏特的《高台跳水者》和琼·温德姆的《任何事只有一次》。

卡罗琳·布莱克伍德夫人的女儿伊万娜·洛威尔，写了一部回忆录《为什么不说发生了什么？》，由阿尔弗雷德·A. 克诺普夫出版社于 2010 年出版。尽管有些关于卡罗琳和卢西安的轶事已经在其他地方出版过，伊万娜的书还是为她的母亲和继父——布莱克伍德的第三任丈夫诗人罗伯特·洛威尔提供个人见解。书中还涉及她母亲与传奇编辑罗伯特·西尔弗斯的关系，还有和她的第二任丈夫作曲家以斯利尔·希特科维茨的关系，伊万娜假想以斯利尔是她父亲，但实际上是伊万·莫法特，一个编辑，她母亲和他曾发生过外遇。（伊万娜在她的回忆录《每日野兽》中有一篇文章写道，当她 15 岁的时候，卢西安请她吃午饭，然后她为他摆姿势。当她把这些告诉卡罗琳夫人，她母亲说："你绝对不能为他当模特儿。难道你不知道他会与他所画的每个人做爱吗？"更令人震惊的是，她写道，她后来死于药物过量的姐姐娜塔丽亚，就声称与卢西安睡过。

虽然克莱门特·弗洛伊德和卢西安·弗洛伊德两人的疏远是出了名的，但克莱门特的回忆录《弗洛伊德的自我》由 BBC 于 2001 年全球限量发行，其中提供了有用的家庭背景信息，包括弗洛伊德家的三个男孩在柏林的童年，在达灵顿和战争期间于伦敦的经历。

另外两本关于弗洛伊德的书也很有帮助。塞巴斯蒂安·斯密在《卢西安·弗洛伊德：注视动物》一书中提供了关于弗洛伊德作品的极佳综述，该书于 2009 年由塔森出版社出版。弗洛伊德很喜欢斯密，这是个有才华的澳大利亚艺术评论家，现在为《波士顿环球报》撰稿；他为《工作中的弗洛伊德》一书做了一个长时间的采访，此书于 2006 年由克诺普夫出版，布鲁斯·伯纳德和大卫·道森所拍的打动人心照片是该书的特色。（斯密自己也在兰德尔·赖特的纪录片《绘画人生》中，接受了采访，谈及弗洛伊德。）

最近的两本图录也相当有用：

《卢西安·弗洛伊德：画室》，这是为 2010 年蓬皮杜艺术中心的弗洛伊德展所做的图录，包含了六篇学术论文，还令人吃惊地印制了来自弗洛伊德打碎了的许多彩色版画；它还提供了一个艺术家一生格外全面的年表。

弗洛伊德在成为一名艺术家之前就已经是一名绘图员了，他的绘画技巧支撑着他所有的作品。卢西安·弗洛伊德的画作于 2012 年由阿奎阿维拉画廊联合布莱恩/南方出版社一起出版，这是一个弗洛伊德从伦敦到纽约旅行期间所绘制的素描特展。这本制作精美的书包括 130 幅画，涵盖弗洛伊德的职业生涯，还有一篇威廉·费弗的引言和一篇马克·罗森塔尔的文章，关于纽约对艺术家缓慢的接受与欣赏过程。

最后，伴随国家肖像馆的重大回顾展《弗洛伊德：肖像》而出版的，展览从 2012 年 2 月 9 日持续到 5 月 27 日，精美的图录中收录了约翰·理查森、策展人莎拉·霍盖特和迈克尔·奥平的文章，除了 131 幅图画以外，还有奥平和弗洛伊德之间在 2009 年 5 月至 2011 年 1 月的对话，还有一个插图精美的年表。国家肖像馆的展览还伴有一个音频应用程序，它不断播放着关于弗洛伊德的评论，它们来自他的模特儿、家人和朋友，其中还穿插着艺术家自己的陈述。

两部纪录片：杰克·奥尔巴赫拍摄的《卢西安·弗洛伊德》（2012年）和兰德尔·赖特拍摄的《卢西安·弗洛伊德：绘画人生》（2012年）对于全面了解弗洛伊德必不可少。杰克·奥尔巴赫是艺术家弗兰克·奥尔巴赫之子，他能找到许多弗洛伊德的模特儿，包括家庭、朋友和情人，坦率地谈论艺术家和他的作品。《卢西安·弗洛伊德：绘画人生》在2012年2月在BBC广播，配合着国家肖像馆的展览（它被重新编辑和制成DVD发行，名为《弗洛伊德裸露的真相》，此时肖像馆的回顾展正在7月巡回到美国得克萨斯州沃斯堡的现代艺术博物馆），广播更加具有冲击力，它提供了这位著名的难以相处的艺术家残酷真实的写照。两部纪录片里都有来自弗洛伊德几个女儿感人的评论；《绘画人生》包含了弗洛伊德离世大概前一天在画室里作画的罕见镜头。

著译者

作者｜菲比·霍班 PHOEBE HOBAN

菲比·霍班，畅销书作家，代表作有《巴奎斯特：在艺术上捞一票》和《爱丽丝·尼尔：处境不妙的艺术》。

译者｜罗米

罗米，北京大学文学硕士、艺术学博士。翻译出版作品《艺术是教不出来的》《西方艺术通史》等。发表多篇学术论文，涉及中外美术史及艺术批评，并长期为多个刊物的文化栏目撰稿，普及中外美术史。曾策划《当色彩消失的时候》《得大自在》《净土梵音》等文物及艺术品全国巡展及特展。

图书在版编目（CIP）数据

卢西安·弗洛伊德：眼睛张大点/(美) 菲比·霍班著；罗米译.
-- 上海：上海文艺出版社，2020.2
（小文艺口袋文库.知人系列）
ISBN 978-7-5321-7193-4

Ⅰ.①卢… Ⅱ.①菲…②罗… Ⅲ.①卢西安·弗洛伊德(1922-2011)－传记
Ⅳ.①K835.615.72

中国版本图书馆CIP数据核字 (2019) 第270063号

Copyrights © 2014 by Phoebe Hoban
All Rights reserved.
This edition is made possible under a license arrangement originating with Amazon Publishing, www.apub.com
著作权合同登记图字：09-2017-265号

发 行 人：陈　徵
责任编辑：朱艳华
装帧设计：Studio Pills

书　　名：卢西安·弗洛伊德：眼睛张大点
作　　者：(美) 菲比·霍班
译　　者：罗　米
出　　版：上海世纪出版集团　上海文艺出版社
地　　址：上海绍兴路7号　200020
发　　行：上海文艺出版社发行中心发行
　　　　　上海市绍兴路50号　200020　www.ewen.co
印　　刷：山东临沂新华印刷物流集团
开　　本：760×1000　1/32
印　　张：6.875
插　　页：3
字　　数：120,000
印　　次：2020年2月第1版　2020年2月第1次印刷
ＩＳＢＮ：978-7-5321-7193-4/K.395
定　　价：29.00元

告读者：如发现本书有质量问题请与印刷厂质量科联系　T:0539-2925888

知人系列

汉娜·阿伦特：活在黑暗时代

塞林格：艺术家逃跑了

爱伦·坡：有一种发烧叫活着

梵高：一种力量在沸腾

卢西安·弗洛伊德：眼睛张大点

阿尔弗雷德·希区柯克：他知道得太多了

大卫·林奇：他来自异世界

33 1/3 系列

地下丝绒与妮可

迈尔斯·戴维斯—即兴精酿

大卫·鲍伊—低

汤姆·韦茨—剑鱼长号

齐柏林飞艇 IV

（即将推出，书名暂定）

鲍勃·迪伦—重访 61 号公路

涅槃—母体中

人行道—无为所为

小妖精—杜立特

黑色安息日—现实之主

知物系列

问卷 _ 潘多拉的清单
静默 _ 是奢侈,还是恐惧?
弃物 _ 游走时间的边缘
面包 _ 膨胀的激情与冲突

小说系列

报告政府
我胆小如鼠
无性伴侣
特蕾莎的流氓犯
荔荔

二马路上的天使
不过是垃圾
正当防卫
夏朗的望远镜
北地爱情
群众来信
目光愈拉愈长
致无尽关系
不准眨眼
单身汉董进步

请女人猜谜
伪证制造者
金链汉子之歌
腐败分子潘长水
城市八卦